AF244429

DU RÉTABLISSEMENT

DE

L'EMPIRE

PRIX : 1 FR. 75 CENT.

PARIS

GARNIER FRÈRES, LIBRAIRES-ÉDITEURS,
PALAIS-NATIONAL, GALERIE MONTPENSIER.

PLON FRÈRES, LIBRAIRES-ÉDITEURS,
RUE DE VAUGIRARD, 36.

DU RÉTABLISSEMENT

DE L'EMPIRE.

DU RÉTABLISSEMENT

DE

L'EMPIRE.

Ce qui a été surtout la cause de ma chute, c'est que MA DYNASTIE n'était pas ASSEZ ANCIENNE. Je me serais relevé DU PIED DES PYRÉNÉES, si j'eusse été MON PETIT-FILS.

NAPOLÉON.

PARIS.

PLON FRÈRES, ÉDITEURS,

RUE DE VAUGIRARD, 36.

1852

Il est évident aujourd'hui que le mouvement irré-
sistible de l'opinion, l'élan unanime de la nation
manifesté de toutes parts par les vœux des conseils
généraux, le progrès des idées en matière politique,
les leçons d'une expérience contemporaine, l'intérêt de la France, de l'Europe et du monde, que
tout enfin concourt à amener, dans un temps plus
ou moins rapproché, le rétablissement de l'Empire.

C'est un fait grave et qui doit peser d'un poids
immense sur les destinées de l'avenir. Il est bon que
le pays se rende compte, dès à présent, de la nécessité de cette transformation; il est bon aussi que les
publicistes, qui sont comme les hérauts de l'histoire,
viennent discuter cette question au grand jour et
l'examinent sous toutes ses faces au moment où elle se
produit, afin de la mettre pour ainsi dire à la portée
de tout le monde. Nous sentons, et chacun sent comme

nous, qu'il faut donner au pouvoir une fixité qui en assure la durée et les bienfaits, et une grandeur de situation digne de nous-mêmes et de l'Europe. On commence à comprendre maintenant que, dans un grand pays qui, comme la France, a une fonction d'initiative si évidente en Europe, fonction devenue historique, le pouvoir doit avoir cette pérennité qui le consolide et cette majesté qui sied seule à une nation aussi puissante que la nôtre. Au point où en sont arrivées les choses, chacun se demande en ce moment : Faut-il rétablir l'Empire? Nous allons essayer de répondre à cette question, posée dans la conscience de chacun, en interrogeant la nôtre à haute voix devant nos concitoyens.

Nous accomplirons notre tâche en toute sincérité, en toute liberté de plume et d'esprit, en toute indépendance d'écrivain. Nous ne connaissons pas personnellement M. le Président de la République et nous n'avons pas l'honneur d'en être connu. L'auteur de ce travail, ni aucun membre de sa famille n'a servi sous l'Empereur ou sous le gouvernement de Louis-Napoléon. Nous nous empressons de faire tout d'abord cette déclaration, afin qu'on ne puisse, en aucun cas, prêter à nos paroles une portée ou une couleur qu'elles n'ont pas, ou en faire remonter plus haut que nous la solidarité. Les considérations que nous allons exposer seront d'ailleurs fort courtes : elles nous paraissent de nature à frapper fortement l'esprit du pays, parce qu'elles découlent de l'his-

toire, et, pour leur gagner des adhérents, il suffit,
nous le croyons du moins, de les résumer seulement
et de les soumettre au bon sens public.

Il y a une question qui se présente sans cesse à
l'esprit lorsqu'on étudie l'histoire de notre pays
depuis soixante ans : comment se fait-il que tous les
gouvernements qui se sont succédé chez nous durant
cette période aient toujours succombé devant l'é-
meute et la guerre civile, en 1830 comme en 1848,
les Bourbons de la branche aînée comme les Bourbons de la branche cadette, à l'exception seulement
du gouvernement de l'empereur Napoléon, qui n'est
tombé que devant les coalitions étrangères? La raison de cette exception est bien simple, et elle mérite
d'être examinée, car elle contient, si nous ne nous
trompons, le problème des difficultés politiques de
notre temps.

Cette raison peut se résumer en peu de mots :
c'est que l'Empereur accepta franchement la Révolution et la fit pénétrer dans l'intérieur par ses lois, en
Europe par ses victoires. Voilà pour l'ordre moral.
C'est qu'ensuite il se sentit si complétement le représentant de cette Révolution qu'il n'hésita pas à sub-
stituer le droit nouveau de la France, la souveraineté nationale, au droit par la grâce de Dieu de
l'ancienne royauté. Lui qui pouvait se prévaloir des
acclamations parties de tous les points de la France
et de l'Europe, lui qui pouvait, plus que personne,
par une juste prérogative de son génie, se passer de

l'assentiment de tous, il demanda trois fois au pays la consécration par le suffrage universel des trois périodes de son pouvoir. Appuyé sur une triple élection par le suffrage universel, c'est-à-dire sur le consentement populaire, et acceptant franchement la Révolution, il réunit par là dans ses mains une autorité incontestée, qui lui donnait le droit de réprimer toutes les licences qui tendaient à aller au delà de ce qu'il y avait de juste et de sensé dans la Révolution. Et telle était cette force puisée dans l'élection, combinée avec les institutions représentatives qu'il avait données à la France, que l'idée de l'émeute politique ne vint même pas, pendant plus de quinze ans, à la pensée des populations, et que la conspiration de Mallet, qui fut quelque temps maîtresse de Paris pendant l'absence de l'Empereur, fut emportée comme un fétu de paille lorsque la machine gouvernementale, remise en mouvement par Cambacérès, la fit disparaître sous la puissance de ses roues. Voilà pour l'ordre politique.

D'un autre côté, qu'avons-nous vu depuis 1815? Des gouvernements qui, n'acceptant pas sincèrement la Révolution et qui ne puisant pas dans l'élection par le vote universel, dans le consentement populaire, dans la souveraineté nationale la force et l'autorité nécessaires pour gouverner, se sont écroulés fatalement devant l'émeute, en 1830 comme en 1848, dans des circonstances que la Providence a faites presque identiques. Qu'on étudie, l'histoire à la main

et à la distance où nous en sommes déjà, la double
chute de la maison de Bourbon depuis l'Empire, et
l'on trouvera inévitablement ces deux causes et ces
deux effets pour explication : instabilité d'un droit
qui ne prenait pas naissance dans la souveraineté
nationale, faiblesse de ces gouvernements, qui, man-
quant de base, s'affaissaient devant la révolte même
la moins redoutable.

Et ces gouvernements s'affaissaient, malgré tous
les bienfaits de l'organisation impériale, dont ils
avaient hérité, et qui pendant vingt ans avait fait
durer Napoléon.

L'Empereur avait créé notre Code, notre système
financier, nos budgets, notre banque de France,
notre Légion d'honneur, notre armée, notre unité
administrative et judiciaire, en un mot toutes les
forces vitales de l'État, et la Restauration comme
Louis-Philippe n'avait qu'à faire fonctionner cette
savante machine construite par la main du génie,
ce qui, par parenthèse, pendant que l'Empereur était
à l'île d'Elbe, faisait dire à ses partisans avec autant
de justesse que d'esprit : Les Bourbons règnent et
Napoléon gouverne. Eh bien ! cette puissante machine s'est arrêtée, parce que le roi Louis XVIII, esprit
cultivé, mais politique médiocre, rentrant en France
et ne sachant qu'apporter comme compensation de
la souveraineté populaire anéantie et de la nationa-
lité abaissée, y introduisit sans discernement et sans
appropriation à nos mœurs ce rouage compliqué

d'origine anglaise qu'on appelle le gouvernement parlementaire. Lorsque, après Leipsick, le royaliste Lainé, agent des Bourbons, écho de l'étranger, ne craignit pas de semer la discorde dans le sein du Corps législatif, en présence des armées ennemies qui enveloppaient déjà nos frontières, et que l'Empereur répondit noblement à cette lâche agression en ajournant cette chambre factieuse et antinationale, les rusés politiques qui entouraient les Bourbons se réjouirent beaucoup à cette époque, et comme d'un grand triomphe, de cet empiétement de l'influence parlementaire; ils ne virent pas en ce moment, comme ils l'ont cruellement reconnu depuis, que la même influence parlementaire, dont ils glorifiaient l'audace alors, leur demanderait un jour des comptes bien autrement sévères, bien autrement nombreux, et les chasserait de leur trône. L'expérience la plus concluante, une expérience de trente-cinq années, a démontré jusqu'à la plus désastreuse évidence que c'était là une innovation peu raisonnée contre laquelle, à peine au pouvoir, les Bourbons furent eux-mêmes obligés de lutter sourdement, et qui a fini, en dépit de leurs efforts impuissants, par miner trois règnes et par faire crouler deux dynasties.

Examinons rapidement l'histoire des trois grands gouvernements monarchiques qui ont fait suite à la Révolution française, et le lecteur verra qu'écrire l'histoire de leur origine, de leur mécanisme politique et de leurs tendances, c'est écrire en même temps la préface de leur chute.

Il y a une opinion généralement répandue au sujet de notre histoire contemporaine, et qui, pour être devenue presque vulgaire, n'en est pas moins l'expression de la vérité, c'est que la Révolution française, commencée par les hommes de 89, a été terminée par l'Empereur. Cette opinion, toute répandue qu'elle soit, n'a pas encore fait, selon nous, assez de chemin dans les générations contemporaines, et ce qui prouve la justesse de notre assertion, c'est la confusion d'idées qui a fait explosion après les événements de février. On a, pour ainsi dire, piétiné de nouveau sur le détritus des déclamations révolutionnaires, comme si les questions essentielles n'étaient pas toutes vidées, et comme si on avait eu quelque chose à attendre ou à espérer, en se mettant encore une fois, au milieu des ruines publiques, à la recherche de la vérité politique. Nous croyons fermement, et cette opinion gagne tous les jours du terrain, qu'au delà des grands principes dégagés de la révolution par le génie de l'Empereur, il n'y a qu'erreurs, anarchie et folie.

La Révolution française, à l'envisager avec toute la gravité de l'histoire, fut une révolution immense, un des incidents les plus considérables de tous les temps, la transformation pour ainsi dire instantanée des conditions générales de la vie moderne en France, aussi bien qu'en Europe. Ce mouvement

n'était pas seulement propre au dix-huitième siècle.
Pour les esprits sérieux et qui savent étudier les
annales humaines, ce mouvement remontait à 1517,
au temps où le libre examen religieux, né des excès
de la puissance papale, prit une place si hardie dans
le sein de la doctrine catholique. Luther, essayant
d'abattre à Wittemberg et à la diète de Worms les
abus de l'influence religieuse, fut le précurseur loin-
tain, mais incontestable, de Mirabeau essayant d'a-
battre aux états généraux de Versailles les abus de
la vieille monarchie féodale. Ce rapprochement, qui,
pour quelques historiens, semble une simple con-
cordance, n'en est pas moins une vérité aujourd'hui
démontrée. De ces deux mouvements sont sorties la
Réforme entamant l'autorité religieuse et la Révolution entamant l'autorité monarchique, religion et
monarchie, l'assise morale et l'assise politique de ce
monde. Mais de ce que des abus graves, tels que la
vente des indulgences, ont produit Luther, fallait-il
en conclure la destruction de la religion elle-même ?
De ce que les abus si nombreux de l'ancien régime
ont produit 89, fallait-il en conclure aussi la destruction de la monarchie? Mirabeau lui-même et
les Constituants, et les deux tiers des Convention-
nels auraient dit : Non. C'est un point acquis aujour-
d'hui à la discussion que la France ne voulait pas,
à cette époque fameuse, toute troublée qu'elle fût,
la destruction de la monarchie. Pour en être pleine-
ment convaincu, il suffit de relire le rapport fait aux

états généraux, le 27 juillet 1789, et dans lequel M. de Clermont-Tonnerre a donné le dépouillement des vœux émis par *tous les bailliages* de France, expression éclatante d'une sorte de suffrage universel propre à cette période.

Après un fait aussi immense que la Révolution française, la Providence, pour compléter son œuvre de civilisation générale, suscita un homme aussi grand et plus grand qu'elle pour la consacrer, en propager les principes et en marquer les limites. Cet homme fut l'empereur Napoléon. Le rôle qu'il joua sur l'échiquier de ce monde devait être double, et il le fut en effet, un rôle français, un rôle européen. Premièrement, il avait à faire pénétrer à l'intérieur la Révolution dans les lois; secondement, il avait, à l'extérieur, à l'imposer, à force de victoires et de bienfaits, à l'Europe désaffectionnée. On peut dire qu'il n'a échoué ni dans l'un ni dans l'autre rôle; car, au dedans, malgré nos divisions, la France est napoléonienne, et, au dehors, malgré nos revers, l'Europe est française. Sans l'Empereur, il est donc certain que la Révolution eût rétrogradé; sans lui encore, il est certain que Barras la livrait avec la France aux Bourbons, et l'ancien régime revenait dès lors pour ramener un autre 93 et des convulsions nouvelles. L'éternel honneur du grand Empereur est d'avoir compris la grande Révolution, d'en avoir adopté les principes, de les avoir proclamés, sanctionnés, couverts de la responsabilité de son génie, d'avoir réhabilité jusqu'à ses fautes, en jetant le manteau de la gloire sur ses crimes et sur ses erreurs.

Quels sont, en effet, les grands principes proclamés dans l'ordre politique et social par la Révolution et justement appelés les conquêtes de 89? Ce sont précisément ceux qui ont été consacrés par l'empereur Napoléon.

La Révolution française avait proclamé en premier lieu l'abolition du régime féodal; l'Empereur a fait disparaître, par la publication d'un Code immortel, les traces de ce régime, c'est-à-dire les 360 coutumes locales, qui étaient l'obstacle le plus considérable à l'unité de la France et qui divisaient les provinces et même des villes et des bourgs en autant d'États ayant des intérêts contraires.

La Révolution française avait proclamé l'intervention de tous dans le vote de l'impôt et l'égale répartition de cet impôt; l'Empereur a maintenu ces principes, ce qui était porter le dernier coup aux trois ordres de l'ancienne monarchie.

La Révolution française avait aboli les justices royales, seigneuriales, ecclésiastiques, etc.; l'Empereur a maintenu la suppression des juridictions spéciales, et fondé l'administration de la justice, qui aujourd'hui est égale pour tous.

La Révolution française avait proclamé l'admissibilité de tous les citoyens aux fonctions publiques; l'Empereur a mis en pratique ces maximes, il a fait plus : il a été chercher lui-même, avec le coup d'œil du génie, des paysans fils de paysans, au pied de leurs charrues, pour en faire ses maréchaux, ses ministres et ses amis.

La Révolution française avait émis le vœu de la subordination du pouvoir spirituel au pouvoir civil; l'Empereur, tout en relevant les autels pour y donner un asile à la conscience, a placé dans une juste mesure le sacerdoce dans la dépendance de l'État, afin que l'Église, loin de dominer le gouvernement, le soutienne au contraire, et le fortifie.

Une fois ces grands résultats acquis, devait-on aller plus loin? Nous croyons fermement que non.

Comme nous l'avons dit tout à l'heure, la France ne voulait pas, en 1789, la destruction de la monarchie. Le sénatus-consulte du 18 mai 1804, en instituant l'Empire, ne fit donc que remettre la France dans les voies propres à son génie. Les abus étaient tombés, les véritables conquêtes civiles et politiques demeuraient intactes, et l'unité du pouvoir restait debout dans la personne d'un souverain plein de génie. Les desseins de la Providence devenaient alors plus visibles que jamais. En ébranlant si profondément le sol de 1789 à 1800, elle n'avait voulu évidemment que retirer le gouvernement centralisateur de la France nouvelle des mains débiles d'une race décrépite, pour la remettre régénérée, et plus puissante que jamais, aux mains vigoureuses d'une jeune et populaire dynastie, née au sein de ses malheurs, façonnée à ses principes et dévouée à ses droits, à ses espérances, à ses besoins.

C'est donc une calomnie historique purement gratuite, dont le temps a fait justice, et que des esprits faux peuvent seuls de nos jours remettre en circulation, que de dire que l'Empereur a renié son origine et étouffé la Révolution. C'est « étouffé l'anarchie républicaine » qu'il faudrait dire pour être juste ou seulement exact. Il en est de même de ceux qui lui reprochent d'avoir porté atteinte à l'égalité en instituant sa Noblesse et sa Légion d'honneur. Il faut plaindre les cerveaux étroits dans lesquels on ne peut faire entrer cette idée que ces distinctions purement honorifiques, qui s'accordaient également à tous les mérites, et qui ne comportaient d'ailleurs aucun privilége contraire à l'égalité civile, étaient par cela même des institutions très-démocratiques (1). L'ancienne noblesse de la féodalité représentait la con-

(1) Une autorité qui n'est pas suspecte à ce sujet, c'est M. Thiers. Voici ce qu'il dit à propos des grandes dignités de l'Empire :

« Cette hiérarchie de grands dignitaires et de quarante ou cinquante grands officiers placés sur les marches du trône était à la fois aristocratie et démocratie: aristocratie par la position, les honneurs, les revenus, — démocratie par l'origine, car elle se composait d'avocats, d'officiers de fortune, quelquefois de paysans devenus maréchaux, et devait rester constamment ouverte à tout parvenu de génie ou même de talent. Ces créations ont disparu avec leur créateur, avec le vaste empire qui leur servait de base ; mais il est possible qu'elles eussent fini par réussir, si le temps y avait ajouté sa force et cette vétusté qui engendre le respect. » (Thiers, *Hist. de l'Empire*, t. V, p. 106.)

quête, le droit de la force; la noblesse de Napoléon
représentait l'intelligence, le courage, le travail;
c'étaient de véritables récompenses nationales, noble
sujet d'émulation pour chacun, accessible pour tous.
Tous les esprits sérieux reconnaissent au contraire
aujourd'hui que pour ce qui est des grands et vrais
principes généraux de la Révolution française, l'Empereur les a maintenus et consacrés, et que ce qu'il
a répudié et désavoué dans cette même Révolution,
ce sont ses crimes et ses erreurs. Nous sommes, pour
notre compte personnel, du sentiment de l'Empereur, et nous sommes sûr que, depuis longtemps
déjà, l'immense majorité, en France, qui a accepté
avec reconnaissance les bienfaits de la Révolution,
n'en repousse qu'avec plus d'horreur et de dégoût
les sanglantes folies.

Ainsi qu'on l'a vu, la nation s'était trouvée tout
à coup mise par la Révolution à la place de ce que
Montesquieu nommait les pouvoirs intermédiaires,
c'est-à-dire à la place des trois ordres, et, pour construire avec solidité son gouvernement, l'Empereur
eut la grande idée de lui donner pour base la souveraineté nationale. La souveraineté nationale, cela
voulait dire pour lui l'acquiescement universel de
tous les membres de la grande famille française à
l'existence de son gouvernement. La loi tradition-
nelle et monarchique des premiers âges se retrouvait
vivante en sa personne : *lex fit consensu populi.*

Une fois en possession de cette haute et incontes-

table magistrature, l'Empereur pouvait faire res-
pecter aisément par chacun la volonté formulée par
tous. C'était, comme on l'a dit, la puissance d'un
peuple passée dans un homme. Son autorité était
d'autant plus forte et devait être d'autant plus absolue qu'elle représentait la volonté de la majorité
placée librement dans les mains du plus digne. Cette
combinaison si simple et si grande, appuyée d'institutions appropriées à nos mœurs, conçues d'une
manière à la fois ingénieuse et grandiose, véritable
gouvernement représentatif, donne la clef de sa force
et de sa durée comme gouvernement intérieur. Son
pouvoir pouvait se définir ainsi : l'autorité représentant le droit, une autorité immense déléguée par un
droit incontestable. On sait que Napoléon, loin
de chercher à dissimuler qu'il tînt son pouvoir
de la volonté du peuple français, s'en glorifiait au
contraire sans cesse et répétait noblement : *Je suis
le Peuple Empereur ; je suis la Révolution armée et cou-
ronnée,* tant il se sentait le représentant légitime et
sincère des droits et des besoins nouveaux de la
France. C'est ce qui lui permettait de dire, le 1er juin
1815, dans ce langage si net et si élevé qui en a
fait le plus grand écrivain du dix-neuvième siècle :
« Empereur, consul, soldat, je tiens tout du peuple.
Dans la prospérité, dans l'adversité, sur le champ
de bataille, au conseil, sur le trône, dans l'exil, la
France a toujours été l'objet unique et constant de
mes pensées et de mes actions. Comme ce roi d'A-

thènes, je me suis sacrifié pour mon peuple, dans l'espoir de voir se réaliser la promesse donnée de conserver à la France son intégrité naturelle, ses honneurs et ses droits. Des résultats contraires et les vœux de la nation m'ont ramené sur ce trône qui m'est cher, parce qu'il est le palladium de l'indépendance, de l'honneur et des droits du peuple (1). » C'est ce qu'il exprimait encore en répondant à une adresse, aux Tuileries, le 26 mars 1815 : « *Tout à la nation et tout pour la France!* voilà ma devise. Moi et ma famille, que ce grand peuple a élevée sur le trône des Français, et qu'il y a maintenue malgré les vicissitudes et les tempêtes politiques, nous ne voulons, nous ne devons et nous ne pouvons jamais réclamer d'autres titres. »

La France a vu l'Empereur gouvernant avec l'assentiment du pays et dans le sens des intérêts de la nation tout entière, sans acception des castes, dont il avait lui-même consacré l'abolition. On sait qu'il n'inclina jamais ni du côté du tiers état, ni du côté de la noblesse, ni du côté du clergé; il n'admettait et ne reconnaissait que le peuple français. Il a dit à Sainte-Hélène : « Je n'ai jamais fait à tous qu'une question : *Voulez-vous être bon Français avec moi?* et, sur l'affirmative, j'ai poussé chacun dans un défilé de granit, sans issue à droite ou à gauche, obligé de marcher vers l'autre extrémité, où je

(1) *Moniteur* du 2 juin 1815.

montrais de la main l'honneur, la gloire, la splendeur de la patrie (1). »

Que vont faire ses successeurs? Ils feront précisément le contraire.

Louis XVIII et Charles X, sentant tous deux qu'ils ne sont que les rois de la noblesse et du clergé seulement, c'est-à-dire de deux castes en minorité dans le pays, vont gouverner non dans le sens des intérêts de la nation, de laquelle ils n'ont ni sollicité ni reçu un mandat, mais dans le sens des intérêts de ces deux castes. Louis-Philippe fera à son tour, pour la bourgeoisie exclusivement, ce que la branche aînée a fait pour la noblesse et le clergé. Et d'abord, bien convaincus qu'ils n'étaient qu'une minorité, aucun d'eux n'a osé faire ce qu'avait fait l'Empereur. Ils n'ont pas consulté le suffrage universel ; ils ont reculé, pour poser la question même de leur existence, devant le vote de la nation française, convoquée légalement dans ses comices.

Louis XVIII rentre en France avec les armées alliées. Il ne fait aucun appel à la nation ; il ne lui demande en rien son assentiment pour la gouverner. Ce noble peuple, auquel l'ennemi présent à Paris imposait un odieux silence, ne pouvait même pas faire éclater librement ses sympathies les plus secrètes (2). Le Roi prend possession du trône comme d'une

(1) *Mémorial de Sainte-Hélène*, tome I, p. 653.

(2) Le conseil d'État a donc eu raison de dire, après le retour de l'île d'Elbe, « que les actes de souveraineté émanés de Louis XVIII

propriété féodale. Le sénat avait préparé une constitution, en déclarant que cette constitution serait au préalable agréée par le futur souverain, quel qu'il fût, nommé par la nation, et qu'elle serait soumise à l'acceptation du peuple français. Louis XVIII ne tint aucun compte de cette constitution et ne soumit pas sa charte à l'acceptation du peuple français. Après avoir déclaré que c'était au prince régent d'Angleterre qu'il devait sa couronne, il date le premier acte de son autorité de la dix-neuvième année de son règne, comme si les actes résultant de la volonté nationale étaient nuls. Il « octroie, » par le seul exercice de sa volonté, au peuple français une charte dite ordonnance de réformation. « On accorde à la nation une prétendue loi constitutionnelle aussi facile à éluder qu'à révoquer, et dans la forme des simples ordonnances royales, sans consulter la nation, sans entendre même ces corps devenus illégaux, fantôme de représentation nationale, — et comme les Bourbons ont ordonné sans droit et promis sans garantie, ils ont *éludé sans bonne foi* et *exécuté sans fidélité*. La

---

ayant été faits en dehors de la nation et sous la pression des baïonnettes étrangères, étaient des actes illégaux, qu'ils ne sont que l'ouvrage de la violence, qu'ils doivent être regardés comme essentiellement nuls et attentatoires à l'honneur, à la liberté et aux droits de la France; et que l'Empereur, en remontant sur le trône où le peuple français l'avait élevé, n'avait fait que rétablir le peuple français dans ses droits les plus sacrés. » (*Adresse du Conseil d'État à l'Empereur, extraite du registre de ses délibérations du 25 mars 1815.*)

violation de cette prétendue charte *n'a été restreinte que par la timidité du gouvernement ;* l'étendue des abus d'autorité n'a été bornée que par *sa faiblesse.* » Qui a dit cela? C'est l'Empereur lui-même, par une déclaration de son conseil des ministres insérée au *Moniteur* du 13 avril 1815, trois semaines après le retour de l'île d'Elbe ; ainsi l'Empereur prédisait dès ce moment la révolution de juillet, en entrevoyant déjà la violation de cette charte, qui ne fut en effet retardée que par la timidité des Bourbons. Et Napoléon prédisait cette violation après moins d'une année du gouvernement de Louis XVIII.

On connaît l'histoire des deux règnes de la branche aînée des Bourbons et la succession rapide des actes qui, sous l'influence immédiate de la noblesse et du clergé, les poussèrent à leur perte, selon le pronostic de l'Empereur : proscription des souvenirs de la gloire nationale, persécutions et exécutions politiques, cours prévôtales, ministères Richelieu, Decaze, de Villèle; violation de la tribune dans la personne de l'abbé Grégoire et de Manuel; loi contre la presse, contre les écrivains et les journaux; guerre d'Espagne, congé donné à M. de Chateaubriand, rétablissement de la censure, loi du sacrilége, empiétement toujours croissant du clergé et de la noblesse féodale, milliard des émigrés, procès aux journaux, loi du droit d'aînesse, et enfin nouveau rétablissement de la censure, ministère Polignac, violation de la charte, révolution de juillet. La

Restauration se trouve minée ainsi par l'opposition des chambres, malgré la loi d'élection qui rendait l'électorat privilégié et l'éligibilité presque inaccessible. En plaçant à côté du pouvoir royal déjà débile le contrôle permanent et inquiet d'une assemblée passionnée, le roi Louis XVIII avait évidemment semé dans sa charte le germe de toutes les discordes que ses successeurs et lui récoltèrent si promptement ; il y avait mis en travail l'élément le plus actif de la désorganisation future de sa propre autorité. Et, fait digne de remarque, les orateurs les plus convaincus et les plus éloquents qui accélérèrent la chute de Louis XVIII comme celle de Charles X furent d'anciens serviteurs de Napoléon, Benjamin Constant, l'un de ses conseillers d'État, le général Foy, l'un de ses jeunes lieutenants qu'il destinait à être plus tard l'un de ses maréchaux, et toute cette phalange de députés libéraux et bonapartistes chez lesquels vibrait à un si haut point le sentiment des idées de l'Empereur et celui non moins vif de la gloire nationale, car libéral et bonapartiste étaient devenus synonymes. Ce fut alors, en présence de nos droits méconnus et de la contre-révolution gouvernant aux Tuileries, que les regrets de la France éclatèrent plus unanimes que jamais.

Le martyr de Sainte-Hélène rend le dernier soupir ; le peuple le pleure et Bérànger le chante.

Les idées si élevées et si patriotiques qui étaient comme le ciment des institutions impériales devinrent les béliers à l'aide desquels l'indignation publique battit en brèche le règne des Bourbons. La tribune française fut l'écho de ces beaux mouvements d'opinion, et les armes que l'hôte imprévoyant d'Hartwell avait mises si imprudemment entre les mains de ses contradicteurs dans les Chambres tournèrent complétement contre sa famille et contre lui.

Survint la Révolution de juillet : il était naturel alors de penser qu'après avoir fait une double et désastreuse épreuve de la politique des Bourbons, la France allait être amenée à rendre au fils de l'Empereur cette couronne qui lui appartenait à tant de titres et à restituer au roi de Rome ce gouvernement qui était comme le patrimoine de sa famille, puisqu'il était l'œuvre personnelle et impérissable de son chef; mais, comme cela avait eu lieu en 1815, l'héritier de ce grand règne était loin de Paris. Un homme de sens et de droiture politique, le député Bérard, proposa, mais en vain, de consulter la France, en la convoquant dans ses comices électoraux ; la couronne fut transmise à Louis-Philippe par les députés La Fayette, Laffitte, Dupont de l'Eure, etc., avec une telle rapidité, que le pays apprit en même temps, sans y avoir participé, et la révolution qui s'était faite et le souverain qui avait été choisi. Quelques mois plus tard, on sait que ces Messieurs demandèrent *pardon à Dieu et aux hommes* de ce qu'ils avaient fait. Le roi Louis-Philippe aurait pu étayer son pouvoir en l'asseyant sur le suffrage universel, et il eût eu ainsi une large base de gouvernement; mais il fallait pour cela avoir une hardiesse d'esprit et une vue de génie qui n'appartenaient qu'à l'Empereur, et, d'ailleurs, la Providence avait évidemment d'autres desseins.

Nous voyons alors Louis-Philippe, monté sur le trône, commettre en politique, malgré ses bonnes intentions et son habileté, les mêmes fautes radicales que les Bourbons de la branche aînée. Quelques députés lui donnent le trône, et il se trouve obligé de continuer et de développer même, encore davantage, le système parlementaire, qui, plus tard, le renversera en quelques heures. D'ailleurs, fils de jacobin et jacobin lui-même, il est engagé par ses antécédents dans la Révolution, et ne pouvant briser en visière avec elle, il emploiera dix-huit années de son règne à essayer, dans une lutte impossible, de concilier l'autorité avec la licence, le progrès avec l'ordre, l'effervescence révolutionnaire avec la stabilité d'un gouvernement sérieux. N'ayant pas consulté la nation, et appuyé seulement sur la garde nationale de Paris, représentant la bourgeoisie de Paris, il gouvernera dans le seul intérêt de cette bourgeoisie. Il crée, à cet effet, un corps de censitaires privilégiés et la base de l'électorat comme de l'éligibilité, base très-étroite; exclut tout ce qui ne paye pas l'impôt foncier, l'illustration, le talent, le mérite, le génie même. Nous voyons Louis-Philippe, à peine aux Tuileries, parler sans cesse de la souveraineté nationale qui n'est plus qu'un mot dans sa bouche, et s'entourer avec infiniment d'habileté de toutes les gloires de l'Empire. Il use largement de l'Empire, dont les souvenirs contribuent puissamment à asseoir son règne naissant, mais il n'en use que jusqu'à concurrence de ses intérêts, inclusivement, et pas au delà. Il ramène bien en France les restes mortels de l'Empereur, mais il fait de cette mesure une intrigue de politique internationale, pour ménager tout à la fois à l'Angleterre, à M. Guizot, son ambassadeur à Londres, et à M. Thiers, son premier ministre, une satisfaction de quelques heures. Puis, quand il s'agit de construire ce grand tombeau de Napoléon (1), il examine le projet qu'on lui présente et dans lequel quatre aigles soutiennent le sarcophage; il le rend à l'architecte, en lui disant avec humeur : « C'est très-bien, mais pas d'aigles, pas d'aigles! » *Pas d'aigles*, mot profond et qui peint l'homme : *pas d'aigles*, c'est-à-

(1) La France n'a jamais considéré le tombeau des Invalides que comme une halte; elle attend un monument plus digne de ce géant des siècles. Turenne y repose, c'est bien; mais Turenne est un de ces hommes qu'on peut appeler *séculaires*, c'est-à-dire qui brillent tous les cent ans, tandis que l'Empereur, comme Charlemagne, est un de ces génies *millénaires* qu'il faut à Dieu mille ans pour reproduire. Leur tombe ne doit donc pas étre celle de tout le monde. C'est sur les hauteurs de Chaillot, sur l'emplacement du palais du roi de Rome, que la nation doit élever à l'Empereur un immense palais triomphal, que tous les arts seront conviés à décorer et dont la vue planera sur le Champ-de-Mars, couvert comme les arènes romaines de gradins de pierre pour les cérémonies nationales. Nous sommes bien certain qu'une telle pensée germe déjà dans l'esprit du Prince Président, et sa volonté en donnera peut-être le spectacle à la France. Un tel tombeau serait digne de la grande nation.

dire : « pas de ces symboles qui font tressaillir la France et qui pourraient, d'un coup d'aile, ébranler mon trône. » En un mot, il consent à se servir des souvenirs impérissables laissés par l'Empereur, il en prend même les maréchaux pour ses ministres, mais en même temps il emprisonne très-hermétiquement le populaire héritier du trône de 1804.

Vers la fin de ce règne, la jeune génération se groupa autour du duc d'Orléans, et plus tard de la future régente comme autour d'une vague espérance. Il semblait que le nouveau règne qui allait succéder à Louis-Philippe dût être, par intérêt aussi bien que par conviction, le calque glorieux de la monarchie napoléonienne ; mais cette jeune génération, dans une époque qui ne lui semblait qu'une transition, ne considérait, il est vrai, ces aspirations que comme un sentiment, plutôt que comme une espérance qui dût aboutir, et c'est ce sentiment qui, en l'absence de la dynastie impériale, semblait l'attacher à la régence de la duchesse d'Orléans.

Il ne peut entrer dans notre pensée de nous appesantir ici sur les fautes du règne de Louis-Philippe. Nous serions plutôt tenté, en face des ruines de la Révolution de février, d'en redire les bienfaits ; mais il est impossible à l'histoire, qui commence pour lui, de ne pas s'arrêter un moment, pour en tirer tout l'enseignement possible, sur ce règne étrange auquel nous avons tous assisté, et durant lequel ce vieux et digne roi, le modèle des vertus privées, ce prince si remarquable à tant de titres, entouré d'une bourgeoisie qui redoutait avant tout la République, lutta dix-huit ans avec énergie, avec courage, avec persévérance, contre les dangers de ce régime parlementaire dont ses antécédents lui faisaient une nécessité, et qui furent pour lui comme un joug imposé à sa raison. Mis sur le trône par une émeute, il succomba sous une émeute, et le pavé qui lui servit de marchepied en juillet 1830 fut le même qui le fit trébucher en février 1848. Lorsque, renversé sous les coups de la presse et de la tribune, dont il avait cru de bonne foi (il faut lui rendre cet hommage) devoir tolérer toutes les licences, il se mourait à Claremont, le calme de ses méditations, son bon sens naturel et la leçon si douloureuse des événements, durent le convaincre bien tardivement de l'impossibilité de gouverner en France avec des institutions d'origine étrangère, empruntées à un peuple de caractère et d'antécédents tout différents.

En Angleterre, où il n'y a point eu de révolution politique radicale comme celle de 1789, les trois Ordres qui ont été détruits en France restent encore debout et sont placés, par la *vieille charte* de Jean Sans-Terre, complétée sous Henri III par les *Statuts d'Oxford* qui créèrent la chambre des communes, et par le *Bill des droits* de 1689, dans une position toute différente de celle que doit occuper chez nous le chef du pouvoir, qui, par le fait, ne se trouve pas seulement le mandataire de trois ordres, mais

bien le représentant effectif de la nation tout entière. Le patriotisme qui distingue le clergé, la noblesse et les communes en Angleterre, représente,
dans un même et admirable esprit, ces trois frac-
tions du pays, dont le roi ou la reine sont des auxi-
liaires animés d'un patriotisme égal ; c'est ce qui
explique l'entente et l'esprit de suite qui a toujours
présidé à la marche de ce moteur multiple d'une
constitution encore toute féodale. On comprend aisément que le régime parlementaire soit bon pour une
telle nation, car là tout est sérieux et tout est pratiqué sérieusement. Ajoutez à cela les grandes fortunes anglaises, qui permettent à l'aristocratie britannique de dédaigner les places, ce qui est le contraire
en France, où presque tout est mobile de lucre et ambition de fonctions publiques. On arrive ainsi à s'expliquer la possibilité du gouvernement parlementaire en
Angleterre et ses inconvénients en France. Le parti
whig ou le parti tory quitte ou prend le ministère
pour le grand intérêt national qu'il doit servir. Il
couvre la reine ou le roi de toute l'étendue d'une
responsabilité qu'il assume en entier pour lui. En
France, en a-t-il été de même ?

On sait que la disposition la plus considérable de
la Charte de 1814, comme de celle de 1830, fut la
responsabilité des ministres et l'irresponsabilité du
roi. Eh bien ! en 1830, laissa-t-on Charles X sur le
trône en s'emparant constitutionnellement de la personne de ses ministres ? Aucunement. Charles X

est mort à Goritz, et MM. de Polignac et de Peyron-
net sont depuis rentrés en France. En 1848, il en a
été exactement de même. Lorsque madame la duchesse d'Orléans, prenant au sérieux le pacte qui
devait lier les Chambres et la dynastie, se présenta
au Palais-Bourbon, et, pleine d'une haute et honora-
ble confiance, vint se placer au sein de ce corps,
que, dans le langage officiel, on appelait alors la représentation nationale, elle invoqua, l'acte d'abdication de Louis-Philippe à la main, la Charte et l'irresponsabilité qu'on y avait écrite, en présentant
son fils aux députés. Malgré l'énergie de cette noble
femme, qui montra dans cette conjoncture plus de
courage à elle seule que tous ces hommes assemblés,
elle vit sa gracieuse popularité personnelle s'éva-
nouir devant le mensonge constitutionnel, et quand
ses amis allèrent prendre ses derniers ordres aux Invalides, une heure après la proclamation de la République, ils apprirent sans étonnement qu'elle avait dû,
abandonnée par ses lâches conseillers officiels, céder
à l'orage et partir. Il résulta de toutes ces fictions
que Louis-Philippe est mort à Claremont et que M. le
comte de Paris languit dans le solitaire exil d'Eise-
nach, tandis que M. Guizot siège tranquillement au
palais Mazarin, et que tous les jours on peut ren-
contrer dans les rues de Paris M. Duchâtel, M. de
Salvandy et M. Dumon. Voilà comment fut pratiqué
deux fois en France, en vingt ans, le principe de
l'irresponsabilité du souverain ! .

En Angleterre, la royauté est si haut placée dans le respect de la nation et des grands corps de l'État, qu'il ne vient même pas à la pensée d'un membre quelconque de l'opposition d'attaquer le roi ou la reine en personne, même lorsque sur ce trône, entouré de tant de véritable patriotisme, siége une femme ou un idiot.

En France, investi du droit de choisir ses ministres, lesquels étaient responsables, le roi n'en était pas moins obligé d'accepter les siens des mains des chefs de la majorité, majorité laborieuse formée de l'appoint de tous les partis coalisés contre lui, ce qui donnait lieu à des interrègnes ministériels interminables. Le roi, maudissant ses juges, se refusait à recevoir les funestes présents de ses ennemis, tandis que de sanglantes émeutes, telles que celle du 12 mai 1839, épouvantaient Paris. Remarquons, de plus, que, contraint par la majorité, contraint par l'émeute, le roi ne se résignait pas encore à prendre les ministres qu'on voulait lui imposer. L'intrigue parlementaire, disciplinée par la célèbre coalition de 1838, avait renversé M. Molé et présentait au roi M. Thiers ou M. Guizot. Tout le monde sait que le roi ne prit ni M. Thiers, ni M. Guizot, mais bien des hommes intermédiaires et intérimaires, tels que MM. Duchatel, Cunin-Gridaine, etc., et qu'il en constitua le cabinet dit du 12 mai. Il fallut plus tard mille embarras, mille manœuvres, mille intrigues pour faire arriver M. Thiers le 1er mars 1840, et M. Guizot le 29 octobre de la même année; et ces deux ministres arrivèrent en effet malgré le roi : fictions d'un côté, fictions de l'autre, tout ceci est de l'histoire contemporaine. Puis enfin, le ministère de M. Guizot est ébranlé de nouveau pendant sept ans par l'intrigue parlementaire, qui a pour chef M. Thiers. Aidée des publications et des déclamations de M. de Lamartine, elle ameute contre le roi les chambres, les journaux, les colléges électoraux, chasse M. Guizot, renverse avec lui la monarchie et faillit à renverser la société. Voilà encore le résultat de l'application en France d'un des articles les plus importants de la charte d'origine anglaise.

En Angleterre, les questions politiques sont toujours, comme nous l'avons dit, des questions d'intérêt national, et le cabinet entrant apporte avec lui un véritable système de gouvernement que la reine ou le roi acceptent sans hésiter, parce qu'il est l'expression réelle des besoins du pays.

En France, il faut bien l'avouer, la lutte est toute d'ambition personnelle, et M. Thiers lui-même en convenait volontiers, lorsque, par l'organe de M. de Rémusat, il déclarait que c'était toujours le même air joué seulement d'une autre manière. Ainsi donc, pour faire arriver à leur tour M. Molé, M. Thiers, M. Guizot, il a fallu traverser dix-huit ans d'agitations, d'émeutes et de malaise social signalés par dix-sept tentatives d'assassinat sur le roi. On répond à cela : la prospérité de la France n'en a pas été moindre pendant ces dix-huit ans. Mais la France eut aussi sa prospérité sous la Restauration ; et cela prouve seulement que son organisation, qui n'est autre que l'organisation impériale, fait vivre cette France d'une vie si puissante et lui donne tant de ressort, que ce brave et généreux pays a résisté à tant d'années d'agitation parce qu'il résisterait à tout : mais la fièvre n'est pas la vie normale d'un homme, et encore moins celle d'une grande nation.

Nous venons de faire en peu de mots l'histoire des trois règnes et des deux dynasties royales qui ont succédé à l'Empereur, et cette histoire nous montre que, de tous ces gouvernements, un seul, celui de l'Empereur, a pris sa racine, sa raison d'être et trouvé sa sanction, comme sa durée, dans la souveraineté nationale. Voyons maintenant, pour achever à grands traits le tableau, comment procéda à son tour la Révolution de février.

Certes, il y a quelque chose de providentiel, il faut le reconnaître, dans cet arrêt particulier de la destinée qui a voulu que, depuis 1815, la France fît une épreuve successive et prolongée de la vieille politique parlementaire personnifiée dans les gouvernements de la Restauration, de Louis-Philippe et de la Révolution de février. Cette dernière époque n'est peut-être pas la moins féconde en enseignements.

Ainsi que nous l'avons vu, l'empereur Napoléon avait fait trois fois appel à la souveraineté nationale pour légitimer, de la manière la moins douteuse, les droits de sa couronne. Assurément, c'était une induction très-naturelle que de supposer que les républicains, gens de scrupule et de logique, en feraient autant, et qu'ils accompliraient ce grand acte de déférence envers la nation. De plus, par suite d'une émeute devenue une Révolution, le pouvoir se trouvait placé dans leurs mains comme un dépôt, et, en l'usurpant (1), ils avaient déclaré solennellement qu'ils consulteraient le pays sur la forme de son gouvernement. Que voyons-nous? Consultent-ils la nation? Pas le moins du monde. Ils se contentent *de décréter la République*. Soumettent-ils à la France la question même de son gouvernement? Pas le moins du

---

(1) On lit dans *le Moniteur* du 25 février 1848 (n° 56, p. 499), ces lignes devenues fameuses, *titre incontestable d'usurpation* :

« AU NOM DU PEUPLE FRANÇAIS,

» Le Gouvernement provisoire arrête :
» La Chambre des députés *est dissoute;*
» Il est interdit *à la Chambre des pairs de se réunir.*

» Paris, le 24 février 1848.

Signé Lamartine, Ledru-Rollin, Louis Blanc, secrétaire. »

« AU NOM DU PEUPLE FRANÇAIS,

» Le Gouvernement provisoire arrête :
» Il est interdit aux membres de l'*ex-Chambre des pairs de se réunir.*

» Paris, 24 février 1848.

« *Signé* Dupont (de l'Eure), Lamartine, Ledru-Rollin,
Ad. Crémieux, Marie, Arago. »

monde. M. Ledru-Rollin, M. de Lamartine, M. Arago, M. Louis Blanc et son libraire M. Pagnerre, chassent la monarchie de leur autorité privée. Ils font le coup d'État de la démagogie en fermant les Chambres par la force. Par parenthèse, ils ont besoin de *deux décrets* pour disperser cette pauvre Chambre des pairs, qui ne se savait pas si redoutable ! Ils décrètent purement et simplement la république, et ils la décrètent du droit de leur fantaisie, sans s'inquiéter de savoir si cette forme est celle qui convient aux mœurs, aux besoins, au génie de la France. Ils décrètent bien aussi le suffrage universel, mais ils subordonnent le vote au scrutin de liste, ce qui fausse complétement l'élection, et en fait sortir, par suite d'une épreuve sans sincérité, à la place de la volonté de la nation, la volonté des clubs, des journaux et des commissaires de la démagogie.

Ce gouvernement, qui avait été imposé à la nation, comme le constate le *Moniteur*, ce gouvernement, qui n'avait aucune racine dans le pays, qui lui était même visiblement antipathique, lui impose à son tour une constitution pleine d'impossibilités, d'éléments de désordre et de conflit, où l'envie et l'étroit égoïsme des coteries éclate à chaque article, où l'on retrouve cette éternelle et misérable défiance des républiques mettant chaque pouvoir et chaque homme en suspicion permanente. On a vu avec quelle ardeur et quel ensemble la France a pétitionné depuis contre cette constitution, exagération funeste des chartes de 1815 et de 1830, puisqu'elle mettait le pouvoir dans une seule assemblée en plaçant à côté un président-soliveau, assez semblable au grand électeur de Siéyès. Nous sommes à cinq ans de cette époque, et nous nous souvenons tous de ce carnaval de février dans lequel passa d'abord la voiture écarlate du gouvernement provisoire, avec M. de Lamartine offrant de l'orviétan politique aux passants et nourrissant avec des discours le peuple affamé, puis la charrette de MM. Caussidière, Flocon, Pornin, Sobrier, puis encore, et celui-là n'était pas le moins original, le carrosse de M. Marrast et de ses amis : démagogie Pompadour en costume Louis XV avec le bonnet rouge et le talon rouge. Mais, voici qui est sérieux, le suffrage universel fonctionne pour la première fois, et malgré la pression des commissaires, des journaux et des clubs, ce même suffrage universel laisse éclater l'expression de l'opinion du pays et envoie à Paris une constituante réactionnaire, et plus tard encore une législative non moins réactionnaire. Singulier et piquant résultat, on en conviendra ! Au bout de quelques semaines, de quelques jours, on voit bientôt la nouvelle république chanceler au milieu de la plus honteuse anarchie. On voit M. de Lamartine chassé du pouvoir par ses amis, plus cruellement encore que Louis-Philippe, qui ne fut congédié que par ses ennemis. On voit l'anarchie croître sans cesse, ramener le même arbitraire du règne de Robespierre et de Marat. On avait vu Carnot, membre du directoire, obligé de demander la limitation de la liberté de la presse; on avait vu au 18 fructidor la république de Barras et d'Augereau déporter à Cayenne soixante-cinq députés et hommes politiques, avec les propriétaires et rédacteurs de quarante-deux journaux. On voit en 1848, dès les premiers moments, le parti modéré obligé d'emprisonner le parti extrême au nom de la modération, non sans des tiraillements et des orages parlementaires inouïs. On voit M. Barbès et ses adhérents, grands partisans du suffrage universel, violer ce même suffrage universel en violant l'Assemblée nationale au 15 mai. On voit, en résumé, la république modèle de M. Cavaignac, dépassant les rigueurs de celle de Barras et d'Augereau, mitrailler le peuple, ce même peuple qu'elle a armé et leurré de promesses, demander la suspension de toutes les libertés provisoirement, puis indéfiniment. On voit M. Cavaignac faire décréter l'état de siége, confisquer les journaux, transporter des milliers d'individus sans jugement, emprisonner, mettre même au secret les écrivains qui se hasardent à le contredire, et placer enfin la France sous un régime draconien emprunté aux traditions de la Turquie et de l'Afrique. Jamais on ne fut moins libre en France, jamais despotisme n'y fut plus lourd, plus brutal, plus exclusif, plus au service de petits intérêts, de petites rancunes et de petits hommes; jamais il ne fut mieux démontré que la forme République, en excitant toujours le peuple en ne le satisfaisant jamais, n'amène avec lui que le trouble, et qu'on n'est vraiment libre que sous un gouvernement fort.

On voit, d'autre part, l'Assemblée voter pour les fonctionnaires publics de tout petits traitements, pour se conformer aux principes d'économie dite républicaine, et les ambitieux de ce parti puritain se jeter sur tous les traitements avec une ardeur sans exemple, pour se conformer à la nature humaine. Enfin, dans une chambre qui représente à elle seule l'orgueil collectif, l'envie collective, la passion collective, on voit, à travers des scandales sans nombre et des changements incessants de ministres, chaque membre de l'Assemblée aspirer non pas à être ministre, mais à être Président de la République, c'est-à-dire roi de France. M. Cavaignac ne veut plus être ministre, il veut être Président de la République, c'est-à-dire roi de France. M. Thiers ne veut pas être ministre, il veut être Président de la République, c'est-à-dire roi de France. M. Changarnier, M. de Lamoricière, M. de Lamartine, M. Baze, M. Nadaud, ne veulent pas être ministres, ils veulent être Présidents de la République, c'est-à-dire rois de France. C'est une compétition universelle, un siége continu du pouvoir. Rien n'est au-dessous de leurs désirs, rien n'est au-dessus de leurs prétentions ; et jamais vérité n'éclata avec plus d'évidence, que nulle part plus qu'en France il faut un pouvoir monarchique, frein puissant des ambitions personnelles. Enfin, les coalitions, les manœuvres, les intrigues sans nombre des vieux partis, des démagogues et des royalistes, font de l'Assemblée une Babel politique. Une plaie de plus, qu'on a considérée comme nouvelle au premier abord, essayait de s'incruster comme un cancer dans le pays, à l'aide de la propagande de journaux à un sou : c'était le socialisme.

Si les naturalistes et les géologues de l'histoire voulaient étudier attentivement les éruptions politiques, ils retrouveraient à ces phénomènes les mêmes caractères aux différentes époques. Après 89, après 1830, après 1848, les mêmes éruptions sociales succèdent aux mêmes éruptions politiques. La révolution de 1789 avait eu Babœuf, celle de 1830 avait eu le Saint-simonisme, celle de 1848 devait avoir le Socialisme; et ce qu'il y a de triste à observer et à dire, c'est que les esprits les plus fermes, les plus sages, les plus droits, ne résistent pas toujours à cette atmosphère de folie qui se manifeste en théories sociales extravagantes surgissant à la suite des révolutions politiques. Heureusement le pygmée du socialisme n'apparut au Luxembourg que pour y statuer en commission de gouvernement sur les tarifs des cochers de fiacre. L'Hôtel-de-Ville avait servi à démontrer l'impuissance politique de M. de Lamartine; le Luxembourg servit à démontrer l'impuissance économique de M. Louis Blanc. Nous ne parlons pas de l'Icarie de M. Cabet, du *Circulus* de

M. Pierre Leroux et des niaiseries phalanstérien-
nes de M. Considérant. Au moins ces innocents
rêveurs mettaient dans le débit de leurs contes à
dormir debout une bonhomie qui désarmait, et
d'ailleurs ils ont été suffisamment flagellés par le
seul homme d'esprit de leur parti, M. Proudhon,
ce Swift de la démagogie, qui en a si bien dépeint
les Lilliputiens.

Quoi qu'il en soit, le verbiage économique qui
vint s'ajouter au verbiage politique n'apporta qu'une
confusion de plus dans l'Assemblée et dans le pays,
et, mal compris par les couches inférieures de la
société, le socialisme devint un véritable danger
public. Nous avons posé en fait, en commençant ce
travail, que cette confusion même, qui éclata après
février, avait démontré une fois de plus qu'on n'était
pas suffisamment persuadé en France de cette vérité
essentielle que la Révolution française avait été
close par l'Empereur, et que beaucoup de mauvais
esprits cherchaient encore à cette époque et cher-
cheront encore dans l'avenir à dépasser la limite
posée par lui aux innovations sociales et politiques
de 89. Qu'on nous dise de bonne foi ce que les discussions de l'Assemblée nationale ont produit de
nouveau dans l'ordre des questions politiques ou
sociales. Tout y a été vague, mal défini, mal présenté. On avait dit avec raison : A quoi servirait
aujourd'hui un Mirabeau ? Eh bien, en dépit de cet
axiome, on a vu arriver à la tribune une quantité

innombrable de Mirabeaux. Qu'ont-ils eu à foudroyer?
— Rien. Quand février est survenu, on attendait
tout de cette Constituante où devaient siéger, disait-
on, des paysans et des ouvriers, où siégeaient MM. La-
cordaire et de Lamennais. On crut que, dès les premières paroles, cette assemblée allait se lever comme
un concile et poser de grandes questions dans un
langage austère et solennel. Aucune grande question
n'était à l'ordre du jour, et on en fut réduit à reprendre, avec les mêmes hommes, avec la même lo-
quacité, les mêmes querelles de partis, de portefeuilles
et d'ambitions qui avaient tant agité le règne de
Louis-Philippe. On apprit une fois encore que l'ère
révolutionnaire devait être fermée. Il vint enfin un
moment où l'Assemblée, qui trouvait dans la Constitution toutes les facilités de confusion, outre-passa
ses attributions, mutila le suffrage universel, on
sait dans quel but; puis, tout impopulaire et toute
fractionnée qu'elle fût, voulut absorber le pouvoir
tout entier en absorbant le Président de la République lui-même. Le vaisseau allait sombrer; c'est
alors que, pour le salut de la France, un homme de
génie se révéla tout entier.

Un Bonaparte avait surgi sur la scène politique.
Une révolution à laquelle il n'avait point pris part
et qui avait fait table rase s'était accomplie sans lui
et pendant son exil. A peine revenu en France, il
est nommé, malgré la minorité à la tête de laquelle
combat l'éloquence sans autorité de M. de Lamar-

tine, par quatre départements devant lesquels il ne s'est même pas présenté. Puis, lorsque l'élection à la Présidence se prépare, la République de février pour lui barrer le chemin s'agite dans la personne de M. Cavaignac; elle tient tout dans ses mains, l'armée, les finances, les places, les influences, les menaces; elle stimule le zèle de ses préfets et de ses fonctionnaires, nuée innombrable et dévorante, dont elle a couvert la France officielle; elle recommande au pays pour la Présidence M. Eugène Cavaignac, et, usant du stylet en même temps que du poignard, elle laisse afficher chez Martinet les caricatures les plus calomnieuses contre son concurrent silencieux et désarmé. La France est convoquée : elle vote sous la pression universelle exercée par le gouvernement. Elle va donc enfin donner son opinion. Le nom de Napoléon sort de l'urne, et par ce fait éclatant on est forcé de se rendre à l'évidence, la lumière arrive à tous les yeux: un cri sort de toutes les consciences: la France est bonapartiste.

Oui, ou, pour mieux dire, la France est napoléonienne; car jamais élection ne fut plus significative, jamais, en aucun temps, le suffrage d'une nation ne vint chercher d'une manière aussi éclatante un homme dans son obscurité et dans sa modestie. Six millions de suffrages protestent contre la minorité qui avait décrété la République, et donnent l'Empire au nouvel élu. A dater de ce jour, Louis-Napoléon n'eut plus à envier ni la couronne, ni Notre - Dame, ni Reims, le suffrage universel l'avait sacré.

On comprend aisément que, mis par une constitution impossible, condamnée d'ailleurs de toutes parts, en antagonisme avec une assemblée rétrograde, déconsidérée, dépopularisée par son mauvais esprit et qui conduisait la France sur la pente d'un Bas-Empire, l'élu unique et formidable d'une grande nation n'avait plus qu'à choisir avec discernement et avec décision le moment de l'accabler sous le coup d'une autorité pesant du poids de six millions de suffrages. Certes, chaque membre de l'Assemblée pouvait se dire le représentant individuel de la nation, mais nul ne pouvait s'en dire plus complétement le représentant que Louis-Napoléon, puisqu'il en était le représentant collectif. De plus il ramenait avec lui le suffrage universel que l'Assemblée avait proscrit. La tâche de Louis-Napoléon était d'autant plus patriotique, d'autant plus désintéressée qu'il était étranger à toutes ces divisions qu'il n'avait point déchaînées, comme M. de Lamartine et M. Cavaignac. Il avait eu le legs de février, le *caput mortuum* des sociétés secrètes. Que fait-il? Le dépôt que la nation lui avait confié, il le garde fidèlement, contrairement à ce qu'avait fait la Révolution de février, et il le lui restitue. Il avait devant lui l'exemple de cette Révolution de février, et il pouvait décréter l'Empire, comme M. de Lamartine, M. Ledru-Rollin et M. Arago avaient décrété la Républi-

que. Il avait même dans son nom et dans les traditions napoléoniennes toutes les raisons du monde de
donner à la France un pouvoir plus grand et plus
digne d'elle, en élevant son titre personnel, et l'opinion publique l'aurait certainement suivi. Eh bien !
il est utile de le remarquer et de le faire remarquer
à cette génération présente, qui sera demain la postérité, Louis-Napoléon, en face d'une des crises sociales les plus terribles, d'une crise plus compliquée
encore que celle de février, Louis-Napoléon, le 2
décembre 1851, posa le talon sur la mèche qui allait
tout embraser ; et ne voulant pas usurper le pouvoir,
il fit un appel loyal et complet à la nation (1), en lui
donnant toutes les conditions d'un vote libre et in-
telligent. Depuis le 2 jusqu'au 21 décembre 1851,
il ne fit qu'établir la trêve des partis, et du milieu
de ce silence solennel, où ne retentissait que le léger

(1) « AU PEUPLE FRANÇAIS.

» Je rends le peuple entier juge entre l'Assemblée et moi... J'invoque le jugement solennel du seul souverain que je reconnaisse en
France, le peuple. Pour la première fois depuis 1804, vous voterez
en connaissance de cause, en sachant bien pour qui et pour quoi.
Si je n'obtiens pas la majorité de vos suffrages, alors je provoquerai
la réunion d'une nouvelle assemblée et je lui remettrai le mandat
que j'ai reçu de vous. » (*Proclamation de Louis-Napoléon.* APPEL
AU PEUPLE. 2 décembre 1851.)

« C'est au jugement du peuple que Louis-Napoléon Bonaparte
soumet sa conduite. Ayez confiance dans celui que six millions de
suffrages ont élevé à la première magistrature du pays. Lorsqu'il
appelle le peuple entier à exprimer sa volonté, des factieux seuls
pourraient vouloir y mettre obstacle. » (*Proclamation de M. de Maupas, Préfet de police, aux habitants de Paris.* 2 décembre 1851.)

bruit des bulletins tombant dans l'urne, se dégagea de nouveau cette opinion qui sommeillait depuis 1815 et qui est l'opinion de la France. Aveugle qui voudrait la nier. N'est-ce point ici surtout que la volonté de la Providence est visible?

La probité et la droiture, voilà les deux traits distinctifs du caractère de Louis-Napoléon Bonaparte. C'est peut-être, dans l'histoire, le seul homme politique qui, pouvant usurper le pouvoir, ne l'a pas fait. Et pourquoi l'aurait-il usurpé, puisqu'il se sentait l'élu de la nation? « *Je ne suis sorti de la légalité*, dit-il, *que pour rentrer dans le droit*, » admirable définition qui explique le 2 décembre et le justifie devant l'histoire, après que la France entière l'a consacré définitivement par son suffrage.

Le nœud gordien fut donc tranché, aux applaudissements de la France, de la main de ce nouvel Alexandre, et il le fut si nettement et si loyalement qu'à dater de ce moment le prince Napoléon se plaça au premier rang des hommes d'État et des politiques les plus renommés. En restaurant avec tant d'éclat le principe d'autorité, si longtemps méconnu, il montra qu'il était fait pour gouverner. On peut dire que Louis-Napoléon, jusque-là circonspect et réservé, gagna le 2 décembre ses éperons impériaux, en apprenant, moins au monde qui le savait qu'aux partis qui feignaient de l'ignorer, qu'il y avait en lui un de ces héros vigoureux, éclairés, énergiques, dignes de porter ce sceptre que les Bourbons ont déjà laissé échapper tant de fois et qu'ils abandonneraient encore dans leur impéritie et leur aveuglement.

Il fut puissamment secondé par M. de Maupas, par M. le général Magnan et par ces jeunes officiers généraux d'élite dont il a su s'entourer : M. de Saint-Arnaud, MM. de Goyon, de Canrobert, Edgard Ney et de Béville. C'est une des bonnes fortunes de Louis-Napoléon : il a appris de la bouche même de son oncle à employer la jeunesse en toute chose, et surtout dans la guerre et dans la politique. *Jeunes amants, jeunes écrivains, jeunes soldats*, avait dit l'Empereur; et, au lieu de faire appel aux talents énervés et aux épées émoussées, le Prince-Président s'est environné, dès ses premières armes, de cette brave et alerte phalange qui se compose aujourd'hui des maréchaux de l'avenir. Ah! si l'Empereur, se séparant plus tôt de ses anciens compagnons d'armes, avait donné ses derniers grands commandements aux Foy, aux Gérard, aux Lamarque, aux Clausel!

Un écrivain de premier ordre, qui met au service de la politique quotidienne un talent d'une rare élévation, et dont la plume vaillante a rendu les plus éminents services au pays dans la crise que nous venons de traverser, M. Granier de Cassagnac, a comparé, avec un grand bonheur d'expression, l'empereur Napoléon au Nil « laissant en se retirant la richesse sur les rives qu'il a dominées » (1). De même

(1) *Constitutionnel*, numéro du 19 janvier 1852.

l'Empereur, en s'en allant à Sainte-Hélène, laissa sur le sol de la France ses fécondes et glorieuses institutions, à l'ombre desquelles nous nous abritons depuis près d'un demi-siècle.

L'illustre Treilhard caractérisait ainsi l'Empire : « La liberté politique sans anarchie, la liberté civile sans confusion, la liberté des cultes sans licence, la liberté de la presse sans révolte et sans diffamation, l'égalité des droits bien différente de l'égalité chimérique des fortunes, voilà les bienfaits contenus dans le sénatus-consulte qui a organisé l'Empire. »

L'Empereur lui-même disait du trône impérial, le 26 mars 1815 :

« Ce qui distingue spécialement le trône impérial, c'est qu'il est élevé par la nation, qu'il est par conséquent naturel et qu'il garantit tous les intérêts : c'est là le vrai caractère de la légitimité. L'intérêt impérial est de consolider tout ce qui existe et tout ce qui a été fait en France dans vingt-cinq années de révolutions. »

C'est dans l'ordre d'idées que rappelle cette glorieuse époque que Louis-Napoléon a puisé les éléments de la Constitution qui nous régit aujourd'hui. Il n'a pas procédé comme ces utopistes et ces hommes à systèmes qui n'hésitent pas à imposer à une nation des constitutions calquées non sur les besoins d'un pays, mais sur leurs abstractions et sur leurs rêves. Il a médité, il a écrit une constitution marquée au coin du bon sens et de la pratique, procédant il est vrai de la Constitution de l'an viii, mais appropriée avec succès à l'époque où nous vivons. On peut dire aujourd'hui que la France possède enfin une constitution sérieusement réglée, conforme à ses besoins, faite en prévoyance de ses droits, de ses mœurs et de son génie. Qu'y voyons nous, en effet? Et d'abord les trois pouvoirs, division qui, selon Montesquieu, est la pierre angulaire de l'édifice politique; un chef de l'État responsable devant la nation et possédant une liberté d'action non plus fictive, mais sérieuse; deux Chambres, l'une, produit du suffrage le plus étendu dont on ait encore joui dans aucun pays, établissant l'impôt, votant les lois; l'autre, gardienne du pacte fondamental, nommée par le pouvoir, mais inamovible et par cela même indépendante. Auprès du Prince siége un conseil d'État, auxiliaire éclairé du souverain, tuteur des intérêts et des droits de tous, assemblée composée d'hommes éminents, préparant les lois et en soutenant la discussion devant les Chambres assemblées.

Certes, voilà une organisation politique d'une combinaison simple et ingénieuse, de nature à satisfaire à toutes les exigences de la politique courante. Sous la Restauration, qui n'accordait les places qu'à la noblesse, et sous le gouvernement de Louis-Philippe, qui ne les donnait qu'à la bourgeoisie, le régime parlementaire avait de nombreux partisans, parce que les prétentions non satisfaites trouvaient leur issue et leur enjeu dans les luttes intéressées des deux Chambres. Louis-Napoléon a sagement tenu compte des ambitions légitimes qui se produisent dans un grand pays aussi riche en hommes remarquables que l'est la France, et c'est dans le conseil d'État comme dans le Sénat que vont siéger ces lumières et ces capacités, sans compter les préfectures, les ambassades, l'armée et la magistrature, qui absorbent la masse générale des talents.

Il n'est aucun homme sensé, aucun homme de bonne foi qui ne convienne que la Constitution de janvier 1852 remplit toutes les conditions d'un gouvernement solide et durable. Elle peut se placer avec honneur à côté des chartes les plus libérales qui aient encore été promulguées. A l'examiner de près, elle est supérieure à toutes les chartes connues, même à la constitution anglaise, qu'elle a dépassée sur plusieurs points.

Ainsi, la constitution anglaise règle les élections de telle manière que les siéges dans le Parlement appartiennent beaucoup plus à la fortune qu'au mérite; c'est le contraire chez nous, où toute situation est accessible à tous. En Angleterre, le trafic des suffrages, de la part de l'élu comme de la part de l'électeur, est d'un scandale proverbial, malgré les modifications apportées en 1832 à la vieille loi électorale. En France, le bulletin est muet et désintéressé, au plus haut point. En Angleterre, l'éligibilité est soumise au payement d'une contribution territoriale qui varie soit pour un comté, soit pour une ville ou pour un bourg. En France, l'électorat, comme l'éligibilité, est libre. L'acte d'*habeas corpus* garantit bien aux Anglais qu'en matière criminelle leur liberté ne sera pas violée, mais leur législation commerciale, qui fait partie de leur constitution, est d'une rigueur telle que tout homme désigné par quelqu'un comme son débiteur est arrêté sans autre examen. « Sous le prétexte d'un armement maritime, dit M. Livingston, dans son *Examen du gouvernement d'Angleterre*, on enlève de force non-seulement les matelots des navires marchands, mais encore de *simples et paisibles citoyens* qui n'ont jamais monté sur un vaisseau et qui n'ont aucune envie d'y monter. » Les arrestations *arbitraires*, soit sous couleur de législation commerciale, soit sous le prétexte de la presse maritime, sont de cruelles atteintes portées en principe à cette prétendue liberté individuelle si vantée. Rien de semblable n'a lieu et ne peut avoir lieu en France.

Remarquez encore un point capital qui nous donne une supériorité réelle, c'est qu'en Angleterre la liberté des cultes n'existe pas, que la religion anglicane y est privilégiée et dominante, que le fait de papisme y est proscrit impitoyablement et y est une cause d'exclusion absolue pour tous les grands emplois.

En France, depuis 1789, et surtout depuis 1802, la liberté de conscience est un droit sacré. Le doute ne saurait donc rester dans l'esprit de personne au

sujet de la supériorité de notre Constitution sur celles
de l'Europe, même sur celle de la Grande-Bretagne,
et tout le monde reconnaît déjà, dès le premier jeu
de ce mécanisme nouveau, qu'avec un profond bon
sens et une maturité de raison extrême, le Prince-
Président a résolu le problème de l'organisation du
pouvoir dans notre pays, de la manière la plus conforme à la tradition et au génie séculaire de la
France.

Si le lecteur a bien voulu suivre avec attention
les déductions de notre pensée dans les développe-
ments qu'il a été indispensable de lui donner, il a
pu voir que, par le cours naturel des choses, la
France se trouve ramenée aujourd'hui au lendemain
du règne de Napoléon, et que la Restauration, l'é-
tablissement de juillet et même la révolution de
février ne sont plus pour nous, qui sommes déjà la
postérité à leur égard, que des accidents passagers,
des parenthèses éphémères dans l'ordre des événements, gouvernements d'antagonisme reposant sur des
bases mauvaises et minés par des agents permanents
de désorganisation. Il est donc sensé, il est donc
naturel de reprendre le régime de l'Empereur dans
ce qu'il a de salutaire et de grandiose, moins la
guerre qui est inutile aujourd'hui, moins le despotisme dont l'exercice, trop absolu peut-être dans les
mains de l'Empereur (c'est le Président lui-même qui
l'a fait observer), ne fut qu'une des nécessités de l'é-
poque, une des conséquences de la guerre euro-

péenne. L'histoire de Napoléon est encore à écrire, et lorsqu'elle sera écrite comme elle mérite de l'être, on reconnaîtra que l'Empereur ne s'est jamais laissé entraîner vers la guerre, comme on le dit vulgairement, mais que ce fut, au contraire, toujours la France, c'est-à-dire toujours lui, qui fut provoquée, attaquée, mise dans la nécessité de se défendre. Il n'est *pas une de ses guerres,* même la campagne de Russie, qu'il n'ait été *obligé* de faire. On l'a dit avant nous : « la révolution qu'il avait close au dedans lui avait légué au dehors une situation européenne qu'il ne lui fut pas possible de ne pas subir. Cette situation engagea et domina sa politique étrangère, et c'est par là qu'il fut entamé. » On peut ajouter toutefois qu'il ne fut entamé de ce côté qu'à l'aide de la trahison et des menées royalistes dans les Chambres, et ensuite parce que lui-même, ne craignons pas de le dire, il fut trop bon, trop grand, trop magnanime. Le sang bout dans les veines, quand on pense que le plus grand homme, le plus grand politique, le plus grand souverain du monde succomba sous une intrigue, et que M. Fouché et M. de Talleyrand, le crime et le vice, ont été les agents actifs de sa chute.

La situation n'est plus la même aujourd'hui, et le Prince-Président de la République ne peut donner une preuve plus significative de son désir de maintenir la paix qu'en faisant ce qu'il fait en ce moment, former une réserve qui lui permette de diminuer l'effectif de l'armée. Que les factions, en minorité dans le pays, cessent donc de crier à la guerre, et d'éveiller, à propos du rétablissement de l'Empire, les craintes de l'intérieur et la méfiance de l'Europe. Ces bruits ne peuvent avoir cours en présence de la récente détermination de Louis-Napoléon. Un ennemi qui désarme est-il donc à redouter? Nous le demandons de bonne foi aux esprits les plus prévenus.

L'Empereur a tracé lui-même le programme du règne de son successeur, quand il a dit : « Mes con-
» quêtes étaient le résultat d'un grand plan; je
» dirai plus, de la nécessité; elles furent raison-
» nables dans leur temps, aujourd'hui elles seraient
» impossibles; elles étaient excusables alors, il serait
» insensé d'en avoir l'intention à présent; et puis,
» les bouleversements et les malheurs de la pauvre
» France ont désormais enfanté assez de difficultés;
» il y aurait assez de gloire à la déblayer, pour
» n'avoir pas à en rechercher d'autre. »

Telle est la grande tâche imposée au Napoléon de la Paix, tâche glorieuse, immense, faite pour illustrer un règne et une dynastie !

Cette succession impériale va donc rentrer enfin, par la volonté de la Providence, dans la famille de l'Empereur; ce pouvoir va donc revénir à son possesseur légitime, à celui qui sut si bien comprendre et pratiquer les maximes du génie.

Et qu'on ne dise pas qu'en prononçant les mots d'Empire et de succession impériale, nous attaquons

4

l'institution républicaine. Loin de là, nous croyons exprimer non-seulement le vœu présent du pays, mais même le vœu des dernières assemblées nationales. En effet, il faut en convenir, le jour où l'Assemblée nationale, discutant sa Constitution, y introduisit, le 9 octobre 1848, à la majorité de 627 voix contre 130, le principe de l'*unité de pouvoir* dans la personne d'un Président, elle avait voté la monarchie. Le jour où, le 10 décembre 1848, elle soumit à la nation la question de savoir en quelles mains ce pouvoir devait être remis, et que le nom de Louis-Napoléon sortit du cœur comme de la conscience de la France, elle a produit l'Empire. Discuter d'ailleurs sur les mots de république et de monarchie, serait puéril : « Est République tout État régi par des lois, sous » quelque forme d'administration que ce puisse » être. » C'est Jean-Jacques Rousseau qui l'a dit; à plus forte raison, lorsque les lois, même la loi politique, sont le résultat du suffrage de tous.

Des considérations d'un ordre très-élevé se réunissent pour demander formellement, en faveur du Président de la République, le titre d'Empereur des Français.

Disons-le d'abord, la France joue en Europe un rôle de premier ordre, et la logique, comme la dignité, veut que son rang soit égal à son rôle. Eh quoi! il y a un empire de Russie, un empire d'Autriche, un parlement impérial britannique, et il n'y a pas un Empire français! En vérité, ce qu'il y a d'étrange,

c'est que cela ne soit pas, après Louis XIV et Napoléon. Les choses de ce monde sont ce qu'elles sont,
et il ne faudrait pas dire que, privée du titre, la
France n'accomplit pas moins son grand rôle. C'est
une erreur : dans tous les rapports quotidiens de
gouvernement à gouvernement, il y a des formes,
il y a des titres, il y a des protocoles qu'il faut observer; et ces formes, quoi qu'on dise et quoi qu'on
fasse, sont le signe extérieur et visible du rang
qu'occupe une nation. Or, puisque nous avons le
rang, il faut que nous en ayons le signe. Si toutes
les nations civilisées avaient une représentation publique semblable, on comprendrait que la France
consentît à prendre les allures de tout le monde,
quoique ayant le droit de marcher en première ligne;
mais il n'en est pas ainsi, et puisque le titre et le
rang sont, comme nous le disions, l'attribut de la
puissance, il faut que la France ait en Europe le
titre et le rang que lui assigne son glorieux rôle
depuis deux cents ans. Ne pas comprendre de telles
idées et de telles nécessités, c'est ne pas porter
dans sa poitrine un cœur français. Ensuite, en dé-
férant l'Empire à Louis-Napoléon, on assure la perpétuité du pouvoir dans sa descendance; on conti-
nue dans la famille de l'Empereur cette quatrième
dynastie, qu'on peut appeler la dynastie de la souveraineté nationale. Louis-Napoléon a mérité d'en
être aujourd'hui le chef, car il a prouvé à la nation
qu'il n'est pas seulement l'héritier légitime de Napo-

léon (1), mais qu'il est aussi l'héritier de ses traditions
et de son génie. La perpétuité dans le pouvoir est
nécessaire aux grandes nations comme la France,
qui elles-mêmes sont les reines du monde; elle en
assure la grandeur, et s'il arrive que les princes qui
se succèdent manquent de vrais talents, la conti-
nuité des traditions et la majesté des siècles écoulés
viennent y suppléer , avec le concours effectif de la
nation elle-même, qui, par l'élection, reste toujours
maîtresse de ses destinées. L'Empereur comprenait
mieux que personne ces vérités politiques, et il nous
a légué à ce sujet des paroles célèbres, qui devien-
nent aujourd'hui des conseils. En parlant de sa

(1) On lit dans le sénatus-consulte du 28 floréal an XII (18 mai
1804) :

« Titre Ier. — Art. 1. Le gouvernement de la république est
» confié à un empereur qui prend le titre d'Empereur des Fran-
» çais. — Art. 2. Napoléon Bonaparte, premier consul actuel de la
» république, est Empereur des Français.

» Titre II. — Art. 3. La dignité impériale est héréditaire
» dans la descendance directe naturelle et légitime de Napoléon
» Bonaparte, de mâle en mâle, par ordre de primogéniture, et à
» l'exclusion perpétuelle des femmes et de leur descendance..... —
» Art. 5. A défaut d'héritier naturel et légitime ou d'héritier adoptif
» de Napoléon Bonaparte, la dignité impériale est dévolue et déférée
» à Joseph Bonaparte et à ses descendants naturels et légitimes.
» — Art. 6. A défaut de Joseph Bonaparte et de ses descendants
» mâles, la dignité impériale est dévolue et déférée à Louis Bona-
» parte et a ses descendants naturels et légitimes, etc. »

Le sénat, comme on voit, n'avait désigné comme héritiers de
l'Empereur, parmi ses frères, que Joseph et Louis. Par suite de
l'absence d'héritier de Joseph, et par la mort de son frère aîné,
Louis-Napoléon est donc, en vertu du sénatus-consulte organique,
l'héritier légitime de l'Empire de Napoléon.

chute, il a dit : « Ce qui m'a renversé, ce sont des
» catastrophes imprévues, inouïes, des circonstances
» forcées : cinq cent mille hommes aux portes de la
» capitale, une révolution *encore toute fraîche ;* une
» crise *trop forte pour les têtes françaises,* et SURTOUT
» UNE DYNASTIE PAS ASSEZ ANCIENNE. *Je me serais relevé*
» *du pied des Pyrénées,* SI SEULEMENT J'EUSSE ÉTÉ MON
» PETIT-FILS. »

En effet, l'Empereur était tombé ; mais, depuis lors,
les hommes habitués à méditer sur la vie des em-
pires se disaient : « Il est impossible que la Providence
ait suscité, au sortir d'une révolution aussi terrible,
un homme de cette grandeur et de cette valeur pour
qu'il meure tout entier, laissant la société chasser
sur ses ancres. » Et ceux qui parlaient ainsi avaient
raison ; car si la Providence a bien pu permet-
tre que le roi de Rome mourût, elle a voulu aussi
qu'après une nouvelle épreuve des régimes anciens
un homme se rencontrât dans l'exil, qui fût le gar-
dien et le dépositaire de ces traditions tutélaires :
cet homme était le prince Louis-Napoléon.

Quel est-il ? — Tant que le fils de l'Empereur a vécu,
il s'est tenu dans l'ombre et dans la réserve, laissant
à la destinée le soin d'accomplir elle-même ses arrêts.
Aussitôt que le prisonnier de Schœnbrunn expire,
il relit ce sénatus-consulte de 1804, qui le fait héritier
de Napoléon, et, conseillé par le général La Fayette,
encouragé par Armand Carrel, il se jette, le 30 octobre 1836 et le 6 août 1840, avec toute l'ardeur

d'une conviction plus encore que d'un droit, dans des entreprises qui peuvent changer la face de la France et concourir de nouveau à sa fortune comme à sa grandeur. On admire ce héros chargé de la bannière de l'Empire, essayant d'abattre avec des souvenirs une monarchie vivante et armée, ancrée dans tous les intérêts et dans tous les égoïsmes du monde officiel; on admire ce héros et on le plaint dans sa chute; on admire et on plaint aussi le groupe enthousiaste de ses compagnons de gloire et d'infortune; on l'aime d'être autant aimé. Il fallait qu'il fût lui-même, non pas seulement un nom, comme on l'a dit, mais un homme, pour attacher ainsi à son sort tant d'amis dévoués, le docteur Conneau, cette douce figure de la science assise auprès de la mère dans son exil, auprès du fils dans son cachot; M. Vaudrey, M. de Montholon, M. Battaille, et surtout M. de Persigny, cette nature éminemment distinguée, esprit à la fois chaleureux et contenu, plein d'énergie et de réflexion, conduisant de main de maître l'expédition napoléonienne avec ces deux qualités décisives, le sang-froid du diplomate et le courage du soldat.

Qu'on relise les proclamations et les discours de Strasbourg et de Boulogne, et l'on verra que c'est moins, comme nous venons de le dire, un droit qu'invoque Louis-Napoléon qu'une conviction politique qu'il se prépare à réaliser, après avoir renversé la monarchie bourgeoise de Louis-Philippe.

Nous n'avons garde d'oublier de placer sous les yeux du lecteur la grande pièce de ce débat qui l'éclairera plus à ce sujet que tout ce que nous pourrions dire, c'est le discours que prononça le Prince devant la Chambre des pairs. Qu'on nous permette de faire remarquer en passant que ce morceau d'éloquence est une des plus belles pages de la langue française :

« Messieurs, une occasion solennelle m'est offerte d'expliquer à mes concitoyens ma conduite, mes intentions, mes projets, ce que je pense, ce que je veux.

» Sans orgueil comme sans faiblesse, si je rappelle les droits déposés par la nation dans les mains de ma famille, c'est uniquement pour expliquer les devoirs que ces droits nous ont imposés à tous.

» Depuis cinquante ans que ce principe de la souveraineté du peuple a été consacré en France par la plus puissante révolution qui se soit faite dans le monde, jamais la volonté nationale n'a été proclamée aussi solennellement, n'a été constatée par des suffrages aussi nombreux et aussi libres que pour l'adoption des constitutions de l'Empire.

» La nation n'a jamais révoqué ce grand acte de sa souveraineté ; et l'Empereur l'a dit : « Tout ce qui a été fait sans elle est illégitime. »

» Aussi, gardez-vous de croire que, me laissant aller aux mouvements d'une ambition personnelle, j'aie voulu tenter en France, malgré le pays, une restauration impériale. J'ai été formé par de plus hautes leçons et j'ai vécu sous de plus nobles exemples. Je suis né d'un père qui descendit du trône sans regret, le jour où il ne jugea plus possible de concilier avec les intérêts de la France les intérêts du peuple qu'il avait été appelé à gouverner.

» L'Empereur, mon oncle, aima mieux abdiquer l'Empire que d'accepter par des traités les frontières restreintes qui devaient exposer la France à subir les dédains et les menaces que l'étranger se permet aujourd'hui. Je n'ai pas respiré un seul instant dans l'oubli de tels enseignements. La proscription imméritée et cruelle qui, pendant vingt-cinq ans, a traîné ma vie des marches du trône sur lequel je suis né, jusqu'à la prison d'où je sors en ce moment, a été impuissante à irriter comme à fatiguer mon cœur; elle n'a pu me rendre étranger un seul jour à la dignité, à la gloire, aux droits, aux intérêts de la France. Ma conduite, mes convictions s'expliquent.

» J'ai pensé que le vote de quatre millions de citoyens qui avait élevé ma famille nous imposait le devoir de faire appel à la nation et d'interroger sa volonté; j'ai cru même que, si au sein du congrès national que je voulais convoquer, quelques prétentions pouvaient se faire entendre, j'aurais le droit d'y réveiller les souvenirs éclatants de l'Empire, et de placer en face de la France aujourd'hui affaiblie, passée sous silence dans le congrès des rois, la France d'alors, si forte au dedans, au dehors si puissante et si respectée. La nation eût répondu : République, monarchie, empire ou royauté. De sa libre décision dépend la fin de nos maux, le terme de nos dissensions.

» Un dernier mot, Messieurs. Je représente devant vous un principe, une cause, une défaite. Le principe, c'est la souveraineté du peuple; la cause, celle de l'Empire; la défaite, Waterloo. Le principe, vous l'avez reconnu; la cause, vous l'avez servie; la défaite, vous voulez la venger. Non, il n'y a pas de désaccord entre vous et moi; et je ne veux pas croire que je puisse être dévoué à porter la peine des défections d'autrui.

» Représentant d'une cause politique, je ne puis accepter comme juge de mes volontés et de mes actes une juridiction politique. Vos formes n'abusent personne. Dans la lutte qui s'ouvre, il n'y a qu'un vainqueur et qu'un vaincu. Si vous êtes les hommes du vainqueur, je n'ai pas de justice à attendre de vous, et je ne veux pas de générosité. »

On le voit, Louis-Napoléon n'avait pas attendu la révolution de février pour invoquer le suffrage universel et la souveraineté nationale, et pour en faire, comme l'Empereur, la base de son système de gouvernement. Ainsi que nous l'avons dit plus haut, la droiture et la probité, voilà les deux traits principaux du caractère de ce jeune héros que six ans de captivité et vingt-cinq ans d'exil avaient mûri pour le pouvoir et qu'on a pu déjà comparer avec justice à Auguste et à Titus.

Le temps nous manque pour peindre en ce moment, comme nous le voudrions, le portrait de Louis-Napoléon : ses actes, ses œuvres et ses messages ont d'ailleurs gravé déjà son effigie dans le médaillier de l'histoire. Ses actes l'ont fait connaître comme chef d'Etat, ses œuvres et ses messages comme écrivain. Cette parole sobre, nette, élevée comme la pensée qu'elle exprime, cette plume, qui est un burin, et qui semble appartenir à l'écrivain le plus exercé et le plus sûr de lui-même, sont des dons exceptionnels qu'on ne rencontre que rarement dans les individualités princières marquées pour les grandes destinées. Une pareille organisation, combinée avec les circonstances où nous sommes, ne se reproduirait pas dans l'espace d'un grand nombre d'années, et c'est, il faut le reconnaître, une faveur particulière accordée par Dieu à un noble peuple, que d'avoir à sa tête pour le gouverner un prince décoré du plus grand nom des temps modernes, que la nation connaît pour l'avoir vu à l'œuvre, un génie politique qui administre comme Colbert, exécute comme Richelieu, écrit comme Pascal, règne et gouverne comme Napoléon.

Aussi bien, il n'y a plus qu'un titre à inscrire au sommet de la Constitution, puisque, à peu de chose près, les institutions de l'Empire nous régissent déjà. Et pour cela, il n'y a besoin d'aucune révolution, puisque la Constitution suffit.

Ce grand acte donnera aussi à la France le moyen

et l'occasion d'inscrire définitivement dans l'histoire le règne du roi de Rome. L'Empereur n'avait abdiqué que pour lui, pour lui seul (1), il a proclamé son fils; la Chambre des représentants du peuple et la Chambre des pairs l'ont acclamé par un vote motivé, dans les séances du 23 juin 1815. Napoléon II, quoique absent de Paris, a donc régné constitutionnellement du 22 juin au 8 juillet, jour où les alliés ont introduit Louis XVIII par la barrière Saint-Denis et l'ont imposé à la France, malgré les protestations de la représentation nationale et de l'armée. Il faut honorer ici les nobles et courageuses protestations qui se sont fait entendre à cette époque, de douloureuse mémoire. Elles sont dignes d'un grand peuple et dignes du grand Empereur qu'il avait choisi pour chef. Le député Manuel soumit le 30 juin à la Chambre une protestation, où on lit, entre autres, ces paroles presque prophétiques :

« *Si la force des armes parvenait à nous imposer momentanément un maître,* si les destinées d'une grande nation devaient encore être livrées au caprice et à l'arbitraire d'un petit nombre de privilé-

---

(1) « Je m'offre en sacrifice à la haine des ennemis de la France. » Puissent-ils être sincères dans leurs déclarations, *et n'en avoir* » *réellement voulu qu'à ma personne.* Ma vie politique est terminée, et je proclame mon fils, sous le titre de Napoléon II, empereur des Français. — Unissez-vous pour le salut public et pour » rester une nation indépendante.

» Paris, le 22 juin 1815.

» NAPOLÉON. »

giés, alors, cédant à la force, la Chambre des représentants protestera à la face du monde entier des droits de la nation française opprimée. Elle en appellera à l'énergie de la génération actuelle *et des générations futures* pour revendiquer à la fois son indépendance nationale et sa liberté civile. Elle en appelle dès à présent à la justice et à la raison de tous les peuples civilisés (1). »

La protestation de l'armée n'était pas moins énergique. Elle était signée des maréchaux et des généraux. On y lisait les noms du prince d'Eckmuhl, ministre de la guerre, du comte Pajol, du comte d'Erlon, du comte Roguet et de tous les officiers généraux ayant des commandements. Adressée à la Chambre des représentants, dépositaire des droits de Napoléon II, elle disait :

« Représentants du peuple, nous sommes en présence de nos ennemis : nous jurons entre vos mains et à la face du monde de défendre jusqu'au dernier soupir la cause de notre indépendance et l'honneur national. On voudrait nous imposer les Bourbons, et ces princes sont rejetés par l'immense majorité des Français. Nous les avions accueillis déjà avec les sentiments de la plus généreuse confiance. Nous avions oublié tous les maux qu'ils nous avaient causés. Eh bien ! comment ont-ils répondu à cette confiance? Ils nous ont traités comme des rebelles et des vaincus. L'inexorable histoire racontera un jour ce

(1) *Moniteur* du 1er juillet 1815, n° 182, suppl.

qu'ont fait les Bourbons pour se remettre sur le trône de France. Elle dira aussi la conduite de l'armée, de cette armée essentiellement nationale, et la postérité jugera qui mérita le mieux l'estime du monde. » *Au camp de la Villette, le 30 juin 1815, à trois heures après midi.*

En lisant ces généreuses paroles, ces généreux sentiments si fièrement et si noblement exprimés, on voit que les traîtres et les lâches étaient en minorité dans la nation et que l'honneur français animait la plus grande partie de la population, même à la face et sous les baïonnettes des étrangers maîtres de Paris. Cependant un caporal prussien ferma les Chambres, et le *Moniteur* ratifia ensuite cet acte au nom de Louis XVIII. Napoléon II n'était pas à Paris !

Les articles 30, 31 et 32 du titre IV de la Constitution portent « que le sénat peut, dans un rapport adressé au Président de la République, poser la base des projets de loi d'un grand intérêt national, et que si ce projet de loi amène des modifications aux bases fondamentales de la Constitution, cette modification sera soumise au suffrage universel. »

Si nous avions l'honneur de siéger au Sénat, nous soumettrions à ses délibérations une proposition ainsi conçue :

« Considérant qu'il n'est pas de plus grand intérêt national que la dignité et la consolidation du pouvoir ;

» Considérant que le génie de l'empereur Napo-

léon a consacré les principes de la Révolution française, en leur imposant les limites que comporte la
raison moderne, et en donnant pour base à l'autorité le plus important de ces principes, la souveraineté nationale;

» Considérant que Louis-Napoléon Bonaparte,
héritier désigné à l'Empire par la volonté du peuple
déjà consignée dans le sénatus-consulte de 1804,
s'est montré tout à la fois l'héritier du nom et des
traditions gouvernementales de son oncle l'empereur
Napoléon ;

» Considérant d'ailleurs que c'est faire acte de
patriotique reconnaissance envers la mémoire du
grand homme que de renouer la chaîne de la dynastie impériale, en tenant compte du règne de son
fils, acclamé par les Chambres en 1815, et en faveur duquel seul l'abdication de l'Empereur avait
été donnée;

» Le Sénat, exerçant le droit qui lui est attribué
par les articles 30, 31 et 32 du titre IV de la Constitution, émet le vœu que l'Empire constitutionnel
français soit rétabli, avec hérédité de mâle en mâle,
par ordre de primogéniture, et que Louis-Napoléon
Bonaparte soit proclamé empereur des Français sous
le nom de Napoléon III. »

Nous ne doutons pas qu'une pareille proposition,
soumise à l'acceptation de la nation, ne soit sanc-
tionnée, non plus par six ou huit millions de votes,
mais par la presque totalité des suffrages.

La maturité d'esprit de Louis-Napoléon, sa vigueur, son génie personnel lui ont valu les sympathies et, nous ajouterons, la reconnaissance du monde; et nul doute que son avénement à l'Empire ne soit regardé par les puissances étrangères comme d'un heureux augure pour la tranquillité de l'Europe. On peut même dire, dès à présent, que, si, par impossible, il en était autrement, il y aurait là une réelle ingratitude de la part des souverains, qui, tous ou presque tous, ont été rudement ébranlés sur leurs trônes par les idées que le prince Président vient de vaincre d'une manière si complète et si inattendue. D'ailleurs, sommes-nous encore à 1791, au traité de Pilnitz et au manifeste de Brunswick, à une époque où ce manifeste fameux, bientôt déchiré par nos victoires sans nombre, osa dire : *Nous venons en France avec nos armées pour rétablir le roi sur son trône?* Les conquêtes de la République et le règne de l'Empereur, ajoutons aussi le progrès des idées de gouvernement, ont bien changé depuis le langage et la pensée politique des rois de l'Europe. Ces souverains ont plus de bon sens que les brouillons et les factieux ne voudraient le laisser croire. Qu'on relise, pour exemple, les déclarations de Francfort et de Paris, qu'on les compare au manifeste de Brunswick, et l'on verra que les alliés y posaient au contraire comme principe « qu'ils désirent que la France *soit grande et forte,* parce que la puissance française est *une des bases fondamentales* de l'édifice social (1); » « qu'ils respectent l'intégrité de l'ancienne France telle qu'elle a existé sous ses rois légitimes; qu'ils peuvent même *faire plus*, parce qu'ils professent toujours le principe que, *pour le bonheur de l'Europe, il faut* que la France *soit grande et forte* (2). »

Et qu'on ne dise pas que ces déclarations étaient mensongères et astucieuses. Tout le monde sait au contraire que les souverains alliés sont arrivés en France et sont entrés à Paris sans aucun parti pris à l'égard du futur souverain, même à la seconde invasion ; et que la trahison de Fouché, combinée avec les brigues de M. de Talleyrand et l'éloignement momentané de Napoléon II et de l'empereur François, décidèrent seuls Alexandre en faveur des Bourbons.

Comment voudrait-on donc aujourd'hui, qu'en pleine paix, il pût venir à la pensée dés souverains de l'Europe, à la suite d'une révolution qui leur a ôté tant de prestige, et à propos d'un prince qui leur a restitué ce prestige, de venir se mêler de nos affaires intérieures? L'esprit seul des factions peut admettre de pareilles hypothèses (3). Que pourrions-

(1) *Déclarations de Francfort* du 1er décembre 1813. *Moniteur,* numéro extraordinaire du 20 janvier 1814.

(2) *Déclarations de Paris* du 31 mars 1814. *Moniteur* du 2 avril 1814.

(3) Benjamin Constant publia, pendant les Cent jours, une brochure où il combattit vigoureusement pour la dynastie impériale. Voici un curieux passage de ce travail : « Les puissances alliées

nous désirer d'ailleurs que nous n'ayons pas? —
Peut-être la rive gauche du Rhin et la Belgique,
c'est-à-dire les limites naturelles de la France, avec
les Pyrénées, les Alpes, le Rhin et la mer pour frontières, en d'autres termes, les bases du traité de
Campo-Formio et de la paix d'Amiens (1)? Oui

attaquent une nation renfermée dans ses limites et qui ne veut
pas les franchir, une nation qui ne réclame que son indépendance
intérieure et le droit de se donner un gouvernement comme l'Alle-
magne l'a réclamé en choisissant Rodolphe de Habsbourg, l'Angleterre en appelant la maison de Brunswick, le Portugal en donnant la couronne au duc de Bragance, la Suède en élisant Gustave
Wasa. Il y a dans les esprits une raison naturelle qui finit toujours
par reconnaître l'évidence, et les peuples de l'Europe se fatigue-
ront bientôt de verser leur sang pour une cause qui n'est pas la
leur. »   (Benjamin Constant. Mai 1815.)

(1) Les pays de la Belgique, remis au roi des Pays-Bas par le
congrès de Vienne, appartenaient à l'Autriche avant la révolution.
C'est sur elle que la République française conquit la Belgique. Des
traités multipliés faits entre la France et l'Autriche, et notamment
le traité de Campo-Formio, ont confirmé la possession des provinces belges à la France, qui donna *en retour à l'Autriche d'autres parties de ses conquêtes.* Vingt ans passèrent sur ces traités.
La possession de la France a duré jusqu'au mois de mai 1814, époque à laquelle Louis XVIII, par le traité de Paris conclu pendant la
présence des armées russes, allemandes et prussiennes, aban-
donna la Belgique, pour qu'il en fût disposé suivant la détermination du congrès. Ainsi Louis XVIII céda ce que la France avait
acquis pendant son absence, et l'on ne peut douter que cette perte
ne fût aussi sensible à la France qu'à la Belgique elle-même, qui
avait vécu vingt ans sous les lois françaises. — On sait que ce fut
l'Angleterre qui signa le traité d'Amiens, en conséquence duquel
la Belgique fut cédée à la France, et il est à remarquer qu'à ce
sujet le comte de Liverpool, l'un des signataires de ce traité, le
défendit très-judicieusement, en soutenant avec hauteur et avec
raison que cette extension de territoire *ne rendait pas la France
plus redoutable pour l'Angleterre.* Cet homme d'État était dans le vrai

sans doute, tout cœur français, tout patriotisme vraiment européen doit souhaiter, pour l'équilibre et le repos du monde, cette assiette définitive de la puissance française, dont l'établissement en 1815 eût mieux valu, dans sa simplicité et dans sa loyauté, que toutes les combinaisons prétendues machiavéliques du congrès de Vienne. Eh! mon Dieu, qui sait ce que la Providence réserve d'étonnement à ce monde? Les rois de l'Europe eux-mêmes prêteront peut-être un jour la main à cette combinaison finale, conforme aux déclarations de Francfort et de Paris, et qui mettrait sans nul doute un terme aux déchirements du Continent. Mais il ne s'agit pas de cela.

La grande cause d'ailleurs des coalitions passées n'existe plus aujourd'hui; cette cause, c'était la haine de l'Angleterre, née du ressentiment qu'éprouva cette grande nation contre le roi Louis XVI qui avait aidé les Américains, par ses subsides et par ses troupes, à secouer le joug de la Grande-Bretagne. Cette haine patriotique naquit à Londres au mois de mai 1778, le jour où William Pitt, qui expira quelques jours après, se fit porter mourant à la tribune du Parlement pour protester contre la proposition de reconnaître l'indépendance des États-Unis. Le second Pitt, fidèle à ce serment d'Annibal, hérita des fureurs patriotiques de son père, et on sait avec quelle amertume, quelle persévérance, quelle déloyauté punique, il accomplit son œuvre de destruction et de rage. Il descendit jusqu'aux armes les plus infâmes et déshonora son gouvernement en provoquant et en soudoyant les assassins du Premier Consul, en leur fournissant la poudre de la machine infernale, qui fut reconnue par les experts de *fabrique anglaise*, politique de Bas-Empire, politique antihumaine, désavouée depuis par le peuple anglais. On croit en général que ce fut la condamnation et l'exécution de Louis XVI qui nous aliéna le gouvernement anglais. C'est une erreur aujourd'hui bien reconnue; dès 1791, c'est-à-dire deux ans avant la mort du roi, Burke somma l'Angleterre et tous les souverains de prendre les armes contre la France. Ce fut, comme nous venons de le dire, la guerre d'Amérique seule qui alluma la haine de l'aristocratie anglaise. La nation française, qui venait de reconquérir ses droits dans une révolution immense, devait s'attendre à des marques de sympathie de la part de l'Angleterre, dont le devoir était de la féliciter de sa régénération sociale et politique. On sait s'il en fut ainsi, et l'oligarchie anglaise, qu'il ne faut pas confondre avec le peuple anglais, prit corps à corps la nation française, la combattit impitoyablement dans le héros qui la personnifiait, en coalisant contre le premier Consul, et plus tard contre l'Empereur, l'Europe tout entière. C'était donc tout à la fois le legs de la Révolution et de la monarchie que Napoléon eut à recueillir, et c'est dans cette tâche gigantesque qu'il a succombé. Aussi, le peuple anglais admire aujourd'hui sa grandeur et plaint sa chute. A quoi d'ailleurs cette lutte a-t-elle servi à l'Angleterre? Les États-Unis sont aujourd'hui un noble peuple reconnu et honoré par le monde entier. La France et la Révolution sont plus puissantes que jamais, et l'Angleterre n'a réussi qu'à accroître de plus de dix milliards sa dette publique, sous laquelle elle s'affaissera peut-être. Le but des deux Pitt et de lord Castlereagh est donc manqué. Ces causes de haine, cette grande rancune britannique, sont descendues dans la tombe avec les hommes qui les avaient fomentées : le gouvernement et le peuple anglais sont maintenant trop éclairés, trop justes, trop véritablement libéraux pour essayer d'entraîner l'Europe contre nous. On le voit donc, il ne peut y avoir, comme nous le disions, que les factions et les partis vaincus qui puissent douter de l'accueil que l'Europe réserve au rétablissement de l'Empire.

Le rétablissement de l'Empire n'aurait de valeur et de sens que pour nous, dans notre pays, dans notre foyer, dans notre intérieur ; mais il en aurait une considérable qui mérite de fixer les regards, les méditations et les sympathies de l'Europe.

Le rétablissement de l'Empire ne serait pas seulement, comme on pourrait le croire, pour la France, un simple changement de dynastie, un empereur succédant avec grandeur à un roi. Ce qui mérite surtout d'arrêter l'attention publique, c'est que cette haute transformation faite dans la personne de Louis-Napoléon serait aussi, et serait surtout le rétablissement de ce que nous appellerons les idées d'Etat, qui doivent être, pour l'époque où nous vivons, le contre-poids nécessaire des idées de révolution.

C'est plus que l'avénement d'un homme, c'est l'avénement d'un gouvernement.

C'est l'avénement d'une politique à la fois nationale et populaire, dont le caractère démocratique est d'autant plus éclatant qu'il est formé de tous les éléments essentiels de la révolution, moins les utopies et les chimères ; dont l'autorité est d'autant plus puissante qu'elle consiste dans la puissance de tous ; dont l'expansion vers le progrès sérieux est d'autant plus féconde qu'elle emprunte des traditions de célérité et de simplicité au génie organisateur qui a créé la France moderne.

Qu'on veuille bien y réfléchir, et on reconnaîtra avec nous que, hors des traditions représentées par l'Empereur et par Louis-Napoléon, il n'y a point de salut pour la France. La question actuelle peut se résumer ainsi : le Socialisme ou l'Empire, car les prétentions royalistes n'ont plus de chances de succès.

Depuis 1789 un seul grand principe politique a survécu en France au milieu de nos orages révolutionnaires, c'est le principe de la souveraineté nationale, c'est qu'il n'y a et qu'il ne peut exister en France de pouvoir légitime que celui qui a été légalement consenti par elle. Il faut s'attacher à ce principe comme à l'ancre de salut.

Or, M. le comte de Chambord ne reconnaît pas ce

principe, et s'il rentre jamais en France, ce ne peut être évidemment qu'à la suite d'une invasion, puisque, d'après les déclarations de ses propres conseillers, l'élection populaire ne peut, en aucun cas, lui donner un royaume. Quant à M. le comte de Paris, son individualité et sa valeur politique s'absorbent dans la situation de la branche aînée, et s'il invoquait les antécédents libéraux de sa famille, il trouverait un obstacle dans sa propre conscience, puisque la souveraineté nationale telle que la comprenait Louis-Philippe n'était qu'une souveraineté nominale, privilégiée, toute fictive, sans aucune possibilité d'être prise au sérieux aujourd'hui. Quoi qu'il arrive, du reste, que M. le comte de Chambord et M. le comte de Paris nous permettent de le leur dire respectueusement, les secrets de l'avenir sont impénétrables, mais si jamais, contre toute prévision, ils rentraient en France comme chefs de la nation, ils ne pourront rien fonder de durable sans prendre pour guide et pour modèle la politique inaugurée par le prince Louis-Napoléon et dont la nature et les conditions ont été développées et consignées dans l'écrit qu'on vient de lire. Nous le disons avec l'accent de la conviction, la maison dans laquelle ils s'abriteraient aura été construite par les mains de celui auquel la France offre en ce moment, comme récompense, la couronne impériale.

Nous ne saurions trop le répéter, en terminant, le doute ne saurait rester dans l'esprit d'aucun homme

sensé, politique, clairvoyant, animé d'un véritable
patriotisme, sur la nécessité du rétablissement de
l'Empire. Les factions seules s'inquiètent, parce
qu'elles sentent bien que cette grande mesure est destinée à leur porter le dernier coup. La magistrature pré-
sidentielle et temporaire du moment leur laissait un
espoir permanent de voir mourir ou tomber le seul
homme sur la tête duquel repose cette magistrature
éphémère; mais un Empire, mais une dynastie con-
fiés aux mains d'un jeune homme qui donnera des
héritiers est un juste sujet d'alarme pour les fauteurs
de troubles et de révolutions. Le gouvernement impérial, en rassurant l'Europe au dehors, raffermit la
France au dedans. Pour l'Europe, il est l'emblème
d'un pouvoir légitime, puisqu'il repose sur l'acceptation de la nation qui l'établit; pour la France, il par-
ticipe à la fois de la monarchie et de la République:
de la monarchie, par l'hérédité; de la République,
par l'élection. C'est la seule forme de gouvernement
qui puisse, avec de telles garanties, effacer jusqu'à
la trace des partis, en les fondant tous en faisceau
dans un grand parti national. Il ne peut rester en
dehors d'un pareil mouvement que les brouillons ou
les factieux dont la minorité n'en est que plus visible,
puisqu'elle se détache sur l'immense parti des honnêtes gens et des cœurs vraiment français. L'Empire
est la barrière qui les arrêtera invinciblement, c'est
le terme définitif de nos agitations politiques : c'est
le port que la Providence indique à la France; c'est

le dénoûment heureux de nos soixante années de révolution.

Les idées et les considérations que nous venons de développer devront, nous l'avons dit, frapper fortement l'attention publique, parce qu'elles reposent toutes sur les leçons de l'histoire et de la politique contemporaine, une histoire et une politique que la génération présente est d'autant plus apte à condamner qu'elle en a été, condition essentielle pour bien juger, les témoins et non les acteurs. Si nous ne nous trompons, du reste, le lecteur reconnaîtra que ce sont ces idées générales qui, depuis le 2 décembre, n'ont cessé de circuler partout, dans les salons, dans les cercles, dans les chaumières, dans les palais. Ce sont les aspirations, les désirs, les espérances de la grande majorité de la nation, dans les villes comme dans les campagnes; et si l'écrit qu'on vient de lire a une valeur, c'est qu'il est l'écho de la pensée et de la conscience de la France.

Puisque le doigt de Dieu a renoué la trame de ces merveilleux événements, ô contemporains, ô concitoyens, représentants du dix-neuvième siècle, levez-vous tous comme un seul homme, le jour où s'ouvrira un pareil scrutin. Que ce grand dix-neuvième siècle, qui sera le plus grand de tous, quoi qu'en disent ses détracteurs, soit bien le siècle de Napoléon! Jamais l'agriculture, l'industrie, le commerce n'ont été plus florissants que de nos jours; jamais, non plus, il n'y eut en France une réunion plus remarquable de talents supérieurs dans toutes les branches, dans les arts, dans les lettres, dans les sciences. Le siècle de Napoléon a dépassé celui de Louis XIV. Agriculteurs, industriels, commerçants, artistes, hommes de la science et de la littérature, dont l'Empereur a si hautement stimulé les progrès et si noblement récompensé le mérite, quelle ne sera pas votre puissance, quelle ne sera pas votre splendeur sous le gouvernement jeune, large et fort d'un autre Napoléon?

O France, dont le cœur saigne encore au seul souvenir de Waterloo et de Sainte-Hélène, mère glorieuse de la civilisation, Peuple de héros, Gaulois dont l'Empereur a fait les vainqueurs des Francs, qu'il a le premier salué du nom de *Grande Nation,* et qu'à bord du *Bellérophon* il saluait encore pour la dernière fois de ces paroles épiques, en perdant de vue le rivage et en se découvrant : « *Adieu, terre des braves, noble terre !* » Pères de famille, propriétaires, braves gens de toutes conditions, religionnaires de toutes sectes, qu'il a sauvés du naufrage en opposant aux orages des mauvais jours ces trois digues infranchissables placées à la base de ses lois comme des piliers de granit : la RELIGION, la PROPRIÉTÉ, la FAMILLE ; philosophes et économistes de cabinet, de l'école des sciences *dites morales et politiques,* fils de l'Encyclopédie et pères du Socialisme, que son génie pratique et mathématique a détournés, autant qu'il a pu, des fausses routes de l'utopie si dangereuses au sortir des révolutions, dissertateurs à courte vue, dont il a élevé l'horizon en l'éclairant des vives lumières de son bon sens et de sa raison ; homme d'État, hommes politiques auxquels il a rendu la dignité de la parole en ramenant dans les assemblées le calme des discussions et la maturité du jugement, augustes attributs de la majesté de la pensée ; armée invincible et passionnée qu'il a conduite si long-temps à la victoire, à l'honneur, à la fortune, qu'il a associée sans cesse à la propagande libérale que, durant vingt ans, il a faite si vigoureusement et si généreusement en Europe ; financiers intègres, administrateurs honnêtes dont il a porté si haut le renom de probité dans le monde ; magistrats et jurisconsultes, compagnies vénérables dont il a fécondé la science et restauré l'antique lustre ; prêtres et prélats que la Révolution avait exilés de l'autel, hélas ! et de la France, et auxquels Napoléon rendit l'église et la patrie, unissez-vous tous comme les enfants de la grande famille française, et votez avec ensemble pour celui qui a su comprendre et mettre à exécution, avec tant de génie et de bonheur, ces belles et impérissables traditions.

Quand l'Empereur mourut, le peuple refusa de croire à cette mort, qui lui semblait impossible : il répéta longtemps que l'Empereur reparaîtrait un jour tout à coup. Cette touchante légende populaire s'est pour ainsi dire réalisée ; car l'Empereur reparaît dans son esprit et dans ses œuvres, en la personne de son héritier, du petit-fils de l'impératrice Joséphine. C'est un prodige de la destinée! Le voici en effet, vous le voyez, vous l'entendez, il vit, il est là devant vous. Saluez donc cette quatrième dynastie dont il parlait sans cesse à Sainte-Hélène, et qui, dans sa pensée, devait assurer à jamais le salut, la prospérité, le repos de la France. Acclamons l'Empire constitutionnel français. Acclamons l'Empire et l'Empereur.

C'est la volonté du peuple et de Dieu.

Paris, 15 août 1852.